Peter Post's Dagbog

Forsidebilledet viser Peter Nissen Post og er et udsnit af billedet på
side 60. Det er taget i Moskva i 1918.
© Else Marie Post - 2014
2. reviderede udgave
Sats, illustrationer og omslag: Jens Rasmussen og E.M. Post
Forlag: Book on Demand GmbH, Norderstedt, Tyskland
ISBN: 978-87-7145-874-9

Peter Post's Dagbog

En sønderjyde i tysk krigstjeneste

og

i russisk krigsfangenskab i 1. verdenskrig

Bearbejdet og udgivet af

Else Marie Post

Indledning

Den 1. august 1914 erklærede det tyske kejserrige Rusland krig, og da Sønderjylland var tysk, blev befolkningen inddraget i krigen.

Sønderjylland eller Slesvig, som det også hedder, var blevet tysk i 1864, og og landsdelen strakte sig fra Kongeå-grænsen til Ejderen, som var grænsen til Holsten. Alle borgerne i landsdelen var tyske statsborgere, også de mange dansksindede, der boede der.

Under 1. verdenskrigen kæmpede ca. 35.000 fra Nordslesvig under de tyske faner både ved Vestfronten og ved Østfronten. Hvor mange der faldt i krigen vides ikke præcis, men i Frankrig på en minde-gravsted har man opregnet 5333 mænd fra Sønderjylland. Hvor mange der faldt ved Østfronten ved man heller ikke, men en historiker anslår, at omkring 780 sønderjyder blev dræbt der. Historikerne anslår, at cirka halvdelen af alle faldne sønderjyder var dansksindede og dansksprogede. Dertil kommer de sønderjyder, der blev sårede og invaliderede.

Hvor mange der endte i fangenskab i øst ved man heller ikke præcist, nogle historikere har talt 275-300 i russisk fangenskab, og en enkelt siger op mod 400.

De dansksindede sønderjyder tog i krig som tyske statsborgere og fulgte den dansksindede rigsdagsmand H.P. Hansens opfordring til sønderjyderne om at gøre deres pligt som borgere, samtidig med at han arbejdede for, at landsdelen skulle gives tilbage til Danmark ved en folkeafstemning. Dette arbejde lykkedes som bekendt efter krigen i 1920.

Peter Posts hjem i Spandet

Lige syd for Kongeå-grænsen i Spandet boede min oldefar Laust Nissen Post sammen med sin kone Anne Kjerstine Post, født Schmidt. Han var murer og kådner, dvs, husmand, og de havde en ejendom i Lille Spandet. De fik 9 børn, og nummer 4 i rækken var min bedstefar og farfar, Peter Nissen Post. Han blev født den 26. februar 1896 og kom i den lokale skole og blev naturligvis undervist på tysk og i tysk. I hjemmet blev der kun talt sønderjysk, og det gjorde der også i skolegården og i lokalsamfundet. Da han var blevet konfirmeret, kom han ud at tjene hos bønderne, sådan som de fleste gjorde på den tid.

På dette husmandsted i Lille Spandet voksede Peter Nissen Post op. Hans far var kådner, dvs. husmand, murer og tømrer. På billedet ses den familie, der overtog stedet i 1926.

Peter Nissens Posts far, Laust Nissen Post, f. 7.1.1867 og d. 8.8.1929 og hans mor Anne Kjerstine Post, født Schmidt, f. 24.8.1865 og d. 4.6.1944. Forældrene fik 9 børn, heraf døde en pige som 2-årig i 1901 og en dreng som 9-årig i 1901.

Peter Nissens Posts konfirmationsbevis

Peter Nissen Post omkring konfirmationsalderen

I efteråret 1915, da han var 19 år, blev han indkaldt til tysk militærtjeneste og skulle stille et par dage senere. Han tog af sted, og der skulle gå 5 år, inden han igen kunne komme tilbage til sin fødeegn – lige bortset to gange orlov i rekruttiden. Han blev sendt til Østfronten, taget til fange og sendt til en fangelejr i Sarapol inde i Uralbjergene. Da krigen sluttede, kom han ved hjælp fra danskere og Røde Kors til Danmark, men kunne ikke som deserteret tysk soldat vende tilbage til Sønderjylland. Han kom først på Vallekilde Højskole, hvor han nedskrev sine oplevelser fra den dag, hvor han blev indkaldt, og indtil han var kommet til København i 1918. Han kunne først vende tilbage til Sønderjylland efter genforeningen i 1920.

Dagbogen er fortalt meget mundret og er præget af sønderjyske udtryk og vendinger, ligesom det tyske sprog skinner igennem i f.eks. ordstilling og delte verber. Dagbogen er nedskrevet i to kladdehæfter, og som det kan ses, er der blevet rettet i dem, sandsynligvis af en lærer på højskolen. Man må huske på, at min bedstefar, Peter Post, aldrig havde lært at skrive dansk. For os, der har kendt ham, er hans måde at udtrykke sig på ligesom at høre ham selv fortælle.

Han opbevarede dagbogen i hjemmet, og hans datter Christine, Didde, fortæller, at hans børn fik lov at læse i den, og hun syntes, det var vældig spændende. Der mangler nogle sider inde i dagbogen, og slutningen, som beskriver hjemrejsen, mangler også. De manglende sider kan ifølge faster Didde måske skyldes, at nogle små børnefingre har været lige lovlig ivrige.

Men selv om der mangler nogle sider, så har det været muligt at stykke hjemrejsen sammen, idet faster Didde kan huske meget af det, der stod om hjemrejsen. Og takket være hendes gode hukommelse har det været muligt at samle hele bedstefars oplevelse som tysk soldat og efterfølgende russisk krigsfange.

Og ved hjælp af forskellige historiske kilder har det været muligt at verificere fortællingen.

Dagbogen er gengivet så nøje som det har været muligt ud fra bedstefars håndskrevne udgave. Dog er nutidig stavemåde anvendt, f.eks. skulde → skulle. Mange ord er skrevet som de udtales på sønderjysk, og denne renskrift følger her almindelig dansk retstavning; hvorimod sønderjyske udtryk som f.eks. forved (der på rigsdansk betyder foran) er bevaret.

Udgiver Else Marie Post,
Peter Posts barnebarn

Billede fra 1920-21. Peter ses (til højre) sammen med sine søskende: fra venstre Ingeborg, f. 11.2.1903; Christense, f. 7.12.1905; Anna, f. 3.10.1900; forrest Friedrich f. 23.10.1908. De to ældste søstre, Cathrine, f. 21.5.1890, gift Skov, og Ellen, f. 3.4.1894, gift Frisk, er ikke med.

Europa 1914

Europa 1920

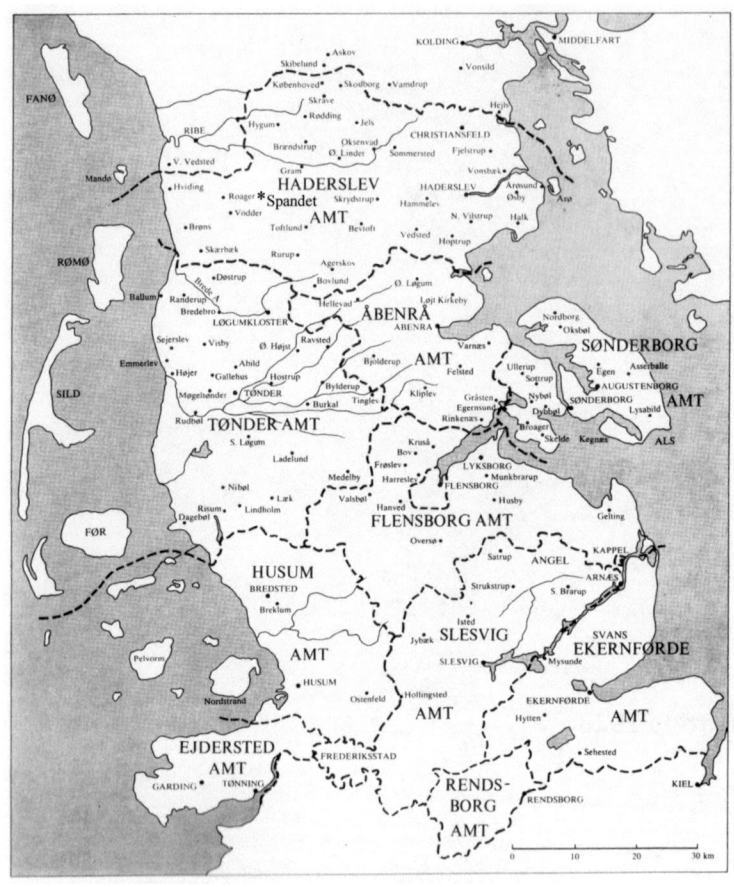

Sønderjylland 1864-1920.

Peter Post's Dagbog

I året 1915 den 9. oktober fik jeg et bud, og det var, at jeg skulle stille den 11. oktober i Haderslev. Jeg skulle være soldat.

Jeg gjorde store øjne den dag, da jeg kom til Haderslev. Hen imod 800 sønderjyder blev indkaldt den dag, unge og gamle imellem hver andre.

Vi blev henved 400 mand, som kom til Schlesvig. Om aftenen gik vi sydpå til Flensborg, og der blev vi om natten. Ja, jeg tænkte, nå sådan går det til ved tyskerne. Vi fik blot noget halm at ligge i.

På den anden dag om morgenen kørte vi med toget til Schlesvig. Der blev vi skilt ad, nogen kom til første og nogen kom til anden rekrutdepot. Jeg kom til anden rekrutdepot. Henved 70 mand var vi i en afdeling, bare sønderjyder. De tyve mand var gamle, imellem tredive og fyrretyve år. Hver tolv mand fik en underofficer og en gefrejder. Og så gik det løs. Mange gange i den første tid var det ikke så glædeligt, for det tyske sprog var vi ikke så mægtig til. Snut var der nok af.

Da der var gået nogen tid, måtte vi aflægge vor fane ed. Men det var kun for nogle dage, sagde vi i stilhed.

Hen imod jul kom de gamle mænd væk fra os, de kom til Frankrig lige til julcaften, for jeg fik et brev fra en efter jul.

Da det var hen imod jul, snakkede vi om orlov, men det gik os

I året 19 15 den 9 Oktober fik jeg en bud, a
det var at jeg skulde stille den 11 Oktbr i
Haderslev. Jeg skulde være soldat. Jeg gjorde
store øjne den dag, da jeg kom til Haderslev
Hen mod 800 Sønderjyder blev indkaldt den
dag, unge og gamle, alt mellem hver andre.
Vi blev 700 Mand, som kom til Schlesv
Om aftenen gik vi syd på til Flensborg, ogsaa
blev vi om natten. Ja tænkte jeg, nu sådan
går det til hos Tyskerne. Vi fik blåt
nogen halm at ligge i. På den anden dag
om morgen kørte vi med toget til
Schleswig. Der blev vi skilt ad, nogen kom
til første og nogen kom til anden
rekrut depot. Jeg kom til anden rekrut
depot. Hen ved 70 Mand var vi i en afdeling
Bare Sønderjyder. Di tyve mand var gamle,
i mellem tredive og fyreogtyve. Hver tiende
mand fik en underofficer og en gefrejder
Og så ebt i gik det løs. Mange gange i
det første var det ikke så glædeligt, for det
Tyske sprog, var vi ikke så mægtig.
Snut havde vi nak af. Da der var gået nogen
ti, måtte vi ligger vor fane sol af

Peter Post's dagbog.
Den første side i den håndskrevne dagbog, som er bevaret.

14

grimt. Den dag vi fik besked om at indgive ansøgning om juleorlov, kom den besked, at sønderjyder fra Haderslev behøvede ikke at indgive ansøgning om orlov, for de kunne ikke komme hjem til jul. Sådan var tyskerne. De var jo bange for, at vi skulle gå nordpå, der var også mange, som gjorde det. Men så måtte vi fejre jul i Schlesvig.

Efter der var gået nogen tid i februar, var vi fire dage i Lokstedtlager. På den store troppeøvelsesplads, der havde vi store øvelser nat og dag med skydning og alt muligt.

Da vi kom til Schlesvig igen, gjorde vi store øjne for hen imod 1000 mand gik der bort den dag. De skulle til fronten. Sådan gik det i hele februar og marts måned. Mand efter mand kom bort fra garnisonen.

Nu havde vi været fem måneder i rekrutdepot og var snart uddannede.

Den 11. marts blev vi over sat til kompagniet. Jeg kom i tredje kompagni sammen med mest mænd fra Kiel. Alle sønderjyder blev skilt ad.

I den tid da vi var i rekrutdepot, lå vi i en en husarstald, som lå ved siden af slottet. Da vi nu kom i kompagniet, kom vi i masen kvarter. En underofficer og en gefrejder og vi var femogtyve mand.

Der gik nogle dage, så måtte vi til Lokstedterlager igen. Denne gang var vi der i fire dage. Der havde vi øvelser dag og nat. Det var lige ind imod påske. Lørdag før påske rejste vi tilbage igen.

Den tyvende marts fik jeg besked om, at jeg skulle aflevere alle mine sager, jeg havde fået tre ugers orlov. Den enogtyvende gik jeg hjem til Sønderjylland. Jeg var hjemme til den 11. april. Så måtte jeg rejse til Schlesvig igen.

Der gik nogen tid indtil maj måned Så kom der en befaling, at det skulle en transport væk. Da der nu var frivillige nok, blev jeg fri denne gang.

Den 15. maj skulle vi atter til Lokstedterlager. Denne gang var vi der indtil den 25.maj. Da vi kom tilbage igen den 25. hen imod aften, da vi kom til Schlesvig.

Om aftenen ved parole fik jeg besked om, at jeg havde fået orlov igen. Dagen efter rejste jeg hjem igen. Jeg havde orlov til den 8. juni. Den 8. juni fik jeg et telegram, at jeg straks skulle komme tilbage igen.

Da jeg kom til Schlesvig, var alle mine kammerater iklædt og skulle til fronten. Dagen efter gik den store transport til Frankrig. Vi var nu kun nogle enkelte tilbage. I mit kompagni var der kun henved 30 mand. Vi gjorde ikke andet end at stå vagt.

Den 21. juni blev vi iklædt til en transport, der skulle til Rusland. I otte dage gik vi og lavede ikke noget. Den 29. rejste vi fra Schlesvig.

Fra Schlesvig var vi ingen stor transport. Da vi kom til Rensborg kom mere til, og sådan gik det hele vejen, til sidst blev der et stort tog. Vi kørte ned igennem Tyskland over Magdeburg, Leipzig, Breslau og Dresden. Så kom vi ind i Østrig-Ungarn. Man kunne straks se, at det ikke var Tyskland. Alting var snavset og i uorden. Vi kørte ind i Galisien med linie Krakau, Przemsl og Lemberg. Fra Lemberg gik det i nordøstlig retning ind imod den russiske grænse til en by, som hed Stöjjano. Til Stöjjano kom vi om aftenen hen imod klokken 11. Officeren vidste slet ikke, hvor vi skulle være den nat, og vi gik omkring i lang tid. Til sidst fik vi lidt brød og en lille konservesdåse. Derpå gik vi længere tid omkring, vi havde alt vor bagage med os, som ikke var så let. Omsider måtte vi lægge os til at sove.

Fuldt af snavs var der overalt, hvor vi kom. Jeg blev vågen om morgenen, og jeg så mig meget tavst omkring. Til stor forbavselse så jeg, at vi havde sovet på en mødding, men det kom jo ikke så nøje. Nu så vi, hvad det var, vi havde om natten gået og stampet i; snavs og skidt var det overalt, som nåede somme steder op til knæene.

Denne formiddag blev vi i denne by. Jeg undrede mig meget over at se alt, hvad der gik for sig. Store bagagelastautomobiler med korn og fødevarer, som kørte efter fronten, og automobiler, som kom med syge og sårede fra fronten, let sårede kom til fods og russer-fanger.

Ved middagstid blev vi samlet, og nu gik det efter fronten. En forfærdelig varme var der, og en stor oppakning havde vi også. Dette varede ikke længe, før mange af os faldt om af varme og ikke kunne længere, jeg var også der iblandt. Hen imod aften nåede vi transporten igen. Vi gik længe ud på natten. Kanonerne kunne vi allerede høre, og lyskugler kunne vi se. Omsider fik vi ro, da vi kom til et stort gods. Hele bygningen var nedbrændt, og muren faldet sammen, sådan var jo alting der. Vi lå i haven under store træer, der havde vi vore telte opstillet. På det sted var vi en dag.

Om morgenen efter blev vi atter samlet, og det gik videre imod fronten.

Hen ved middagstid kom vi til divisionen. Den halve del af transporten kom straks afsted til kompagniet. Vi blev ved divisionen, og nu fik vi nogle fødevarer udleveret. Vi skulle selv koge det.

Om natten blev vi indkvarteret i en lille by, som hed Svinjughi. Byen så meget medtaget ud, for fire dage forinden havde russerne været der. Tyskerne havde jaget russerne længere mod øst. De fleste huse var nedbrændt.

Husene var mest bygget af træ og strå, kun kaminen var tilbage af hele huset, og den samme var faldet sammen. Over den halve del var brændt. Vi blev indkvarteret i et hus og lå i noget halm.

Om natten ved klokken to blev vi vækket, og alle de, som endnu var ved divisionen, skulle pakke sager sammen, men der blev os ikke sagt, hvad vi skulle. Med det fik vi tidligt nok at vide; ved middagstid kom vi forbi artilleristillingen.

Hen på eftermiddagen kom vi til regimentet, og nu blev vi fordelt over hele regimentet. Vi var en tyve mand, som kom i tredje kompagni. Nu lå vi en god kilometer fra forreste linje. Kanonerne stod ikke langt fra os.

Hele eftermiddagen skød de svære kanoner.

Om aftenen gik vores feldvebel med ud i linjen. Da der var helt mørkt, nåede vi linjen. Vi blev ikke fordelt over kompagniet den aften, for hele regimentet blev afløst. Vi blev liggende hen til midt om natten, indtil de fik alt i orden. I morgenstunden gik vi tilbage. Vi var i armé-reserve. Da vi nu stod og skulle gå, hørte vi en meget stærk ild. Russerne greb an, men det varede ikke længe, før det holdt op. Så gik vi videre.

Om aftenen kom vi tilbage til den samme by, som vi havde

været i dagen i forvejen. Nu gik vi to dage og nåede til en by, som hed Stöjjano. I Stöjjano kom vi ind i et tog. Med toget kørte vi i et døgn og kom til fæstningen Kovel. I Kovel blev vi ladet af toget og gik derfra i to dage, så nåede vi fronten igen. Her lå vi bag østrigerne. Vi skulle passe på, at østrigerne ikke løb tilbage. Østrigerne skulle gribe an om aftenen. Hvis østrigerne ikke kunne klare sig, så skulle vi hjælpe dem; men østrigerne klarede sig godt denne gang, og vi blev fri.

Vi lå der i fire dage og havde det helt godt, vi lavede slet ikke noget. Men så måtte vi pakke vores sager igen, vi skulle et andet sted hen. I to dage gik vi tilbage til Kovel igen.

I Kovel steg vi ind i toget og kørte et halvt døgn med toget. Så kom vi til en by, som hed Sokal. I Sokal steg vi ud af toget. I tre dage gik vi og nåede fronten igen. Nu blev vi i reserve i nogle dage. Vi lå i en skov en kilometer fra forreste stilling. Nu skulle vi bygge understande, hver ni mand skulle bygge en. Vi havde lige fået understanden færdig, så kom en aften telegram, at vi skulle løse nogen af, som lå i skyttegraven.

Om aftenen, da det blev mørkt, pakkede vi vore sager sammen, og vi blev ført af en feldvebel ud i skyttegraven. Det var østrigere vi løste af. Straks den samme aften skulle vi til at arbejde. Nu skulle jeg til at opleve skyttegravslivet.

Den første nat skulle vi arbejde ved pigtrådshegning. Jeg var meget søvnig, for i den tid, da vi rejste frem og tilbage bagved fronten, fik vi ikke meget søvn. En underofficer og en gefrejder og syv mand, som kaldes en gruppe havde forposten om natten. Forposten sad i et hul forved pigtrådshegnet. De, der ikke stod posten om natten, skulle arbejde og hente mad, hele natten gik på den måde.

Den første nat kom jeg til at arbejde ved pigtråden; henved klokken halvtolv om natten fik vi vor middagsmad. Så skulle vi arbejde igen til klokken to, så fik vi morgenkaffe. Så måtte vi arbejde til det blev lyst. Så kom forposten tilbage i graven igen. Men så måtte den halve del af gruppen stå posten i graven, og de andre måtte ikke sove, for i morgenstunden var det mest fare for fjendens angreb. Klokken seks måtte de fleste lægge sig til at sove. En mand af hver gruppe skulle stå vagt. Klokken elleve blev vi vækket. Fra elleve til tolv havde vi geværpudsen. Om eftermiddagen stod der kun en mand af hver afdeling. (Tre afdelinger i hvert kompagni). Fra et til fire skulle vi arbejde i graven, nogen af os blev kommanderet til at gå i skoven bagved graven, de skulle hente hejsestænger og pæle. Hejsestænger brugte vi i graven og flettede det hele sammen, for når det regnede, faldt graven ikke så meget sammen. Pælene blev brugt til pigtrådshegning. Fra fire til fem havde vi fri. Fra fem til det blev mørkt arbejdede vi i graven. I mørkningen måtte de fleste stå posten igen, til det blev helt mørkt, så gik forposten ud igen. Gruppen skiftede jo mellem forposten og arbejde. Sådan var livet i graven.

I denne grav lå vi i fire dage, og der var ikke noget særligt. Nu havde vi den 28. juli 1916. Om morgenen lidt før det blev lyst, hørte vi kanonerne til venstre for os, et svært bombardement. Der lå østrigere. Længere hen på morgenen begyndte russerne at skyde, hvor vi lå. Klokken otte fik vi besked om, at vi skulle pakke vore sager sammen. Russerne var gået igennem ved østrigerne til venstre for os. Vi skulle gå tilbage. Vi pakkede vore sager sammen og begyndte at løbe tilbage. Russerne havde set det, og så havde vi en meget stærk ild fra kanonerne og maskingeværerne. Vi løb tilbage ind igennem en skov og kom ud til den anden side af skoven. Her havde vi lidt dækning. Vi kom ned i en slugt, her kom der tyskere og østrigere fra fire til seks sider; men russerne vidste også nok, hvor vi var, shrapneles og granater kom i hundredvis lige ned i flokken. Flokken spredte sig lidt, men der blev

Østfronten

dog mange af kammeraterne ramt. Vi gik tilbage i slugten henved to kilometer og kom igennem en anden skov. På den side af skoven blev vi samlet. Nu dannede vi en linje igen, og nu fremad. Over en kilometer gik vi frem igen og igennem den sidste skov, som vi var gået igennem ved tilbagegangen. Da vi kom ud af skoven, kunne vi gå længere frem. Russerne skød voldsom. En gammel løbegrav tog vi i besiddelse. Her i den havde vi lidt dækning. Det var nu hen på mod middagstid. Russerne skød på os hele eftermiddagen, og vi kunne slet ikke røre os. Så snart vi lod os se, fik vi den lille grav overvældet med shrapneles og granater. Hen imod aften blev der helt stille, og der kom en flyver over os. Alting var rødlig. Vi lå der til midt om natten, så fik vi bud om, at vi skulle trække os tilbage igennem skoven igen. Vi samlede os og gik tilbage til den anden side af skoven.

En femhundrede alen forved skoven gravede vi os ned i kanten af en lille bakke. Vi gravede et lille hul i jorden, som vi kunne ligge i. Vi havde natten i forvejen stået forposten. Denne nat skulle vi så arbejde, men da vi nu ingen grav havde og intet pigtrådstrådhegn, ingen pæle eller pigtråd, kunne vi ikke arbejde ved det. Vi lagde os til at sove. Jeg sov godt resten af natten.

Lidt før det blev lyst, blev jeg vækket, jeg skulle hente mad. Jeg havde en halv time at gå. Jeg gik og kom med mad igen, for nu var det snart et døgn siden, vi havde fået noget. Vi blev liggende i hullet.

Hen på formiddagen begyndte russerne igen at skyde. En meget svær artilleriild. Til vor gode fornøjelse skød de en kilometer bag ved os. Russerne vidste ikke, hvor vi lå. En kilometer bag ved os var en gammel skyttegrav, den skød de på hele dagen. Jeg lå og morede mig over det. En skovkant bag og lidt til højre for os fik også sin part af bombardementet. Der lå der heller ingen. Klokken tre hørte ilden op, og ud af skoven kom russerne i stort antal. Vi begyndte at skyde. Vort artilleri skød meget hurtigt. Men nogen skud fra vort eget artilleri gik forkert og lige ned i vor egen linje. Nogen af vore kammerater blev ramt. Efter nogen tid havde artilleriet sig meget godt indskudt på skovkanten, derefter fik de så meget, at russerne måtte trække sig tilbage. Det var om eftermiddagen klokken tre. Nu skulle vi begynde at grave en skyttegrav. Vi arbejdede hele eftermiddagen og natten med, før vi fik en lille grav gravet. Den næste nat måtte vi arbejde ved pigtråden, vi havde fået nogle pæle og pigtråd. Vi skulle sikre os, for der var meget fare for kosakkerne. Vi gravede graven noget bedre i stand, og lidt pigtråd forved graven. Nu skulle vi til at bygge en understand. (Ja, før jeg skriver mere, vil jeg forklare eder, hvad en understand er. En understand er en hule nede i jorden. Understanden bliver bygget efter befaling. Nogen store, nogen små, lige som befaling kommer fra regimentet. Der er meget forskel på understande. Det kommer mest an på, hvor det er i skyttegraven eller bagved fronten. Understande i skyttegraven kan også være forskellig, til to mand eller tre, fire og så videre. Understande bag ved fronten er meget større, som de er i skyttegraven. Størrelse til en gruppe (ni mand), til en zug (en tredjedel af et kompagni) eller til et helt kompagni. Vi skulle bygge en til en gruppe, altså ni mand. Fra skyttegraven blev der gravet en lille grav fra fire til otte meter bag ved skyttegraven. Her blev der gravet et stort hul i jorden, hver mand skulle have god plads. Fem meter lang og tre meter bred. Hullet blev gravet i den dybde af fire meter. Nu kom der store stolper i den. Otte store, tykke stolper. Tre i hver ende af hullet og to i siderne. Så der blev tre stolper, hvad for en vej man tager det. Stolperne var ikke så lange, de var fra to til tre meter, så at der manglede et lille stykke, før de nåede op til jorden. Oven på stolperne kom der et lag bjælker på langs. Der oven på et lag bjælker den anden vej. Nu kommer det jo også an på, hvor meget træ, der er. Forskellige steder har de to, tre eller fire lag bjælker. Men vi havde kun to lag. Oven på de to lag kom der halm. Oven på halmen jord så meget, som det lader sig gøre.) Da vi havde hullet gravet blev vi afløst i fire dage. Vi skulle tilbage for at skaffe træ til understanden. Hele kompagniet lå i en understand en kilometer bag ved forreste linje.

Om morgenen lidt før det blev lyst, gik vi lidt længere tilbage i skoven. I denne skov stod også vores gefegts bagage, dertil hørende køkken, proviantvogn og patronvogn. Vi arbejdede hele dagen i skoven. Vi skulle have meget træ, henved tyve understande havde vi i kompagniet.

Om aftenen gik vi tilbage til understanden igen. Vi var også tillige med i reserve. Da vi havde træ nok, skulle vi tilbage til graven igen. I lang tid lå vi i skyttegraven uden nogen forandring. Da understanden var færdig, skulle vi arbejde ved pigtrådshegning. Hver nat var vi ude ved pigtråden.

Vi havde en meget god stilling og havde det meget roligt, kun en gang imellem skød russerne på os. Nu var vi henved den tyvende august. Russerne blev mere og mere nærgående. I den første tid lå de i skoven, men nu var de i skovkanten. Om aftenen og om natten kom patruljer helt hen til vor skyttegrav. Til højre for os lå i skyttegraven østrigske dragoner. De fangede flere gange nogen russiske patruljer. En aften fangede østrigerne to russere, som gik og klippede pigtråden over.

En morgen, da det blev lyst, blev vi meget overraskede. Russerne havde den nat gravet en løbegrav ud fra skovkanten. Vi begyndte at se, hvad det skulle betyde, men det kunne vi selv regne ud. Russerne havde tanker om at gøre et angreb. Den næste morgen efter havde de gravet en skyttegrav, som var ingen hundrede meter fra vores skyttegrav. Vi gik og tænkte meget på det den morgen, hvad dagen nu ville bringe os. Det var den enogtredivte august 1916. Vi var to mand, der stod forpost. Da det begyndte at blive lyst om morgenen, kom en feldvebel hen til os og fortalte os lidt om russerne. Han fortalte os, russerne lå kun halvfjers meter fra os. Når vi så nåede aften, skulle de jages ud af den grav.

Da det blev mere lyst, gik vi tilbage i graven igen. Da vi havde været der en lille tid, og klokken var fem, hørte vi til højre for os et meget svært bombardement. Nu, tænkte vi, nu er det nogen for os. En lille tid, fra ti til femten minutter, begyndte de at skyde på os. Den feldvebel, som om morgenen havde pralet, sprang op på dækningen og truede russerne med en håndgranat. Et øjeblik efter slog en granat ned og sårede ham i den ene fod.

Bombardementet blev værre og værre. Otte til ti granater kom over os i hver tre til fem sekunder. Granat ved granat slog ned i pigtrådshegnet i skyttegraven og bag ved skyttegraven. Shrapneles sprang over os og strøede alle dens kugler ned i graven. Jorden gyngede og vuggede, lige som det hele skulle falde sammen. Man skulle snart tro, at jorden ville revne. Granatsplinter fløj os om hovedet. Vi kunne ikke sætte foden et eneste sted i graven, hvor der ikke lå granatsplinter. Graven var, som den var helt oversået. Der gik nogen tid hen imod middagen, ilden blev ved, til klokken blev elleve, da hørte granatilden op, men så fik vi shrapnelild, de strøede over det hele. Denne ild vedvarede et kvarters tid. Så hørte ilden op, og russerne gjorde et angreb. Vi var ikke alle sammen på posten, da russerne kom. De første, jeg så, havde ingen bøsser med, men kun håndgranater og en trådsaks. Men det varede ikke længe, før de var alle nedskudt. I løbet af fem minutter stormede russerne frem i et stort antal. Da den russiske skyttegrav kun lå halvfjerds meter fra vores, og vi havde et meget stærkt og bredt pigtrådshegn, havde de jo ikke så langt, før de nåede hen til pigtrådshegnet. De fleste af russerne, som stormede frem, nåede kun til pigtråden. Men efter en lille tid begyndte vort artilleri med de svære femten centimeters granater. De havde dem nogle dage i forvejen skudt dem ind, og den ene granat efter den anden ramte lige ned imellem dem, så at det ikke blev nogen tilbage af dem, der lå forved pigtråden.

I denne tid havde maskingeværerne dem indskudt på den russiske skyttegrav. Russerne stormede to gange frem, men da maskingeværerne havde dem indskudt, kom de ikke langt frem, før de faldt, især den sidste gang de stormede, kun et lille træk, så var de borte igen. Vi stod en lille tid i graven og så det hele an. Min sidekammerat, som stod ved min venstre side, fik en kugle igennem hovedet, han faldt tilbage ned i bunden af graven. En sygebærer og en anden tog ham og bar ham ind i understanden. Nu hørte vi til venstre for os, at russerne var gået igennem ved østrigerne. Da vore skyttegrave lå på en lille bakke kunne vi se alt, hvad der foregik bag ved linien. Lidt til venstre og bag ved os lå en lille bakke, som vi kunne se meget tydeligt. Vi stod og så os omkring, så på en gang opdagede vi, at russerne kom ned af bakken bag ved os. Nu begyndte vi at tale om, hvad vi skulle gøre.

I det samme kom vor kompagnifører, han sagde, vi måtte ikke trække os tilbage, før vi får befaling, og der er ingen befaling kommet endnu. Russerne nærmede sig os bagfra, men vi stod på posten endnu og skulle passe på de russere, som greb os an. Vi stod i skyttegraven til russerne var kun tyve meter fra os, vi smed bøssen væk og lod os tage til fange. Nu skulle vi over til den russiske skyttegrav. Vi sprang op af graven og skyndte os at komme igennem pigtrådshegnet og over til russerne. Jeg ved næsten ikke, hvordan det gik. Det gik så hurtigt, at jeg så ikke så meget. Da vi var kommet igennem pigtråden, blev vi overvældet med granater og shrapneler. Mange af kammeraterne sprang ned i granathuller, men jeg tænkte, vi må se at skynde os. Da vi kom lidt længere, begyndte østrigerne, som lå til højre for os, at skyde på os med maskingevær. Til vor gode lykke kunne de ikke nå os. De skød lidt for kort og hele tiden ind i flanken. Kuglerne ramte tre til fire meter i jorden ved siden af os. En af mine kammerater, som løb lige for ved mig, fik en kugle i højre arm, han stod og så ned på armen, da jeg så det, sagde jeg, det kan ikke nytte, at du bliver stående her, du må se og komme med. Ilden blev værre, jeg skyndte mig. Endelig nåede vi den russiske skyttegrav. Vi sprang ned i graven, så tænkte vi, nu er vi kommet godt over det. I skyttegraven var der ingen russere. Russerne var jo alle gået frem. Men nu kom den russiske reserve igennem graven. Nu måtte vi op af graven igen. Vi skulle løbe tres meter hen til en løbegrav, som gik ind i skoven. Mange af os ville ikke op af graven, men russerne forstod det godt, hvordan det skulle gå. En russer, som stod i graven, tog sin spade frem og gav os næsten alle en i enden med spaden, for så kom de meget bedre op af graven. Jeg kom op af graven og løb hen til den løbegrav. Maskingeværerne skød meget, og her blev mange af kammeraterne ramt. Jeg kom hen til løbegraven og sprang på hovedet ned i den. I denne løbegrav gik vi nu ind i skovkanten.

Da vi kom til skovkanten, stod der en officer, han sagde til os, nu skulle vi tage det med ro, for nu var der ingen fare mere. En russer kom og begyndte at samle os sammen. Vi var en lille flok på fyrre mand. Vi gik igennem skoven, og nu så vi, hvordan det så ud bag den russiske front. Der var reserver i tusindvis.

Vi gik til en lille by, som hed Coradnitza. Der tog russerne alt fra os, hvad vi havde; knive, forbindingssager, mærker, militærpapir, kort, breve og aviser. Før vi kom dertil, havde russerne taget ur og tegnebog fra nogle af kammeraterne.

I den by blev vi fotograferet og fik lidt vand at drikke, for det var meget varmt. Hen på eftermiddagen blev vi opstillet, så kom der en, som kunne tale tysk. Han sagde til os, nu var vi fanger, og her var en rytter, som skulle føre os længere ind i Rusland. Vi tænkte, Gud ved, hvorhen de ville føre os, det kunne gerne blive lidt langt.

Vi gik hele eftermiddagen uden at få hvile. Da det blev aften, fik vi lov til at hvile os lidt ud.

Da vi lå der en lille tid, kom en flok fanger til, der var mange af mine kammerater med. Men vi måtte ikke tale med dem for russerne. Da vi skulle gå igen, kom vi alle sammen.

Denne tur blev meget lang. Vi gik til langt ud på natten. Endelig kom vi til en by. I denne by blev vi opstillet fire og fire. Nu blev vi talt, og nu skulle vi lægge os ned. Det var på en mødding, vi lå. Da vi havde ligget en lille tid, måtte vi ikke ligge der længere. Vi gik et kvarters tid og kom til en stor bygning, som var nedbrændt. Her blev vi ført ind i den bygning, den var fuld af stenbrokker og kalk. Her skulle vi blive natten over. Vi var meget søvnige og trætte. Vi lagde os ned på disse stenbrokker. Vi havde hverken mantel eller dækken. Men jeg sov godt en lang tid, til jeg frøs så meget, at jeg vågnede.

Der blev vi til hen på formiddagen. Spisen eller den slags gav det ikke meget af. Klokken ni blev vi opstillet igen og talt. Den gang kom der til kosakker, som skulle føre os. Nogle kosakker red forved os, nogle ved siden og nogle bagefter. Hen imod middagen kom vi til en stor forplejningsstation. Her blev vi opstillet ti og ti mand, den første skulle hente suppe, den anden brød, og den tredje sukker. Det var første gang, vi skulle have noget at spise ved russerne. Vi fik ti mand en bakke med fiskesuppe. Det var noget underligt, så fik vi et lille stykke brød og fire stykker sukker.

Vi blev der til hen på eftermiddagen. Vi gik videre om eftermiddagen og nåede den store fæstning Luz. Her kunne vi se, hvad russerne havde, fuldt af alle slags. Her kunne vi købe, hvad vi ville have, blot vi havde penge. Vi kom sammen med flere hundrede østrigere. Om natten kom vi ind i en afbrændt kaserne.

Da det var søndag dagen efter, blev vi der en hel dag over. Vi fik godt udhvilet. Det var den anden september 1916. Nu var vi jo opgivet som savnet. Da vi havde den dag ro, fik jeg skrevet hjem, at jeg var usåret i fangenskab.

Den tredje september marcherede vi længere ind i Rusland. Vi var vel henved tretusind mand, tyskere og østrigere. Den tredje september om eftermiddagen marcherede vi fra Luz.

Da vi kom længere mod øst, fik vi meget af det russiske landbrug at se. Det var i høsttiden, folkene kørte korn og pløjede til rug, hvor vi gik forbi.

Om aftenen kom vi til et stort gods, her skulle vi overnatte. Da vi kom dertil, fik vi hver et lille stykke brød. Jeg sov inde i stalden den nat.

Den næste morgen fik vi brød, suppe, grød og te. På dette gik vi længere mod øst.

Hen på eftermiddagen kom vi igennem en større by. Vi gik ud af byen hen til røde kors. Her fik vi om aftenen en meget god forplejning. Brød, suppe, grød, te og sukker. Denne nat måtte vi blive liggende ude, for der var ingen kaserne eller barakker. En stor plads var omgivet med pigtråd.

Vi var meget trætte og lagde os ned på jorden. Her lå vi mange hundrede mand sammen i en klump. Vi sov godt den nat. Om morgenen fik vi igen en meget god forplejning.

Det var den femte september. Den dag kom vi til en større by. Her kom vi ind i en stor kaserne. Vi skulle blive her om natten. Om aftenen fik vi suppe, brød og te. Vi sov inde på gulvet i kasernen.

Den næste morgen den sjette september. Da vi blev opstillet, kom de fleste af østrigerne fra os, de skulle med toget. Alle syge og lidt sårede kom også fra os. Nu var vi en trop på godt tusind mand. Vi blev nu atter ført af kosakker.

Vi gik hele dagen næsten uden ophold. Da det begyndte at blive mørkt, nåede vi en lille by. Vi havde marcheret tres kilometer. Her i byen fik vi også en meget god forplejning. Nu var det mørkt, og vi begyndte at se, hvor vi skulle sove.

Da vi var færdig med at spise, kom der nogle russiske soldater, de skulle føre os hen, hvor vi skulle sove. Vi gik tilbage igen. Da vi havde gået godt tre kilometer, kom vi til et stort gods, her skulle vi blive. Vi var meget søvnige og straks, da vi kom ind på godset til venstre, lagde vi os ned, der var meget græs.

Den syvende morgen blev vi vækket, klokken var kun godt tre. Da vi vågnede op, fik vi at se, hvad det var, vi havde ligget i om natten, nogle store brændenælder.

Vi gik tilbage til byen igen. Da vi havde fået forplejning, gik det videre mod øst. Denne dag gik vi en halvtreds kilometer. Om aftenen nåede vi bestemmelsesstedet. Vi fik straks forplejning. Det var allerede mørkt. Vi skulle ligge ude på marken om natten. Rundt omkring os havde russerne tændt nogle store bål. Vi skulle ligge os til at sove, men det blev ikke til meget, for vi frøs, til vi rystede. Om dagen havde det været meget varmt, og nu ligge om natten på den kolde jord. Vi gik og vandrede rundt hele natten, indtil morgenen brød frem. Solen var næppe at se, før vi måtte afsted. Vi fik lidt at spise, og så gik det længere mod øst. Nu havde vi den ottende september.

Om aftenen nåede vi til en større stad. Her kom vi ind i en stor kaserne. Vi fik meget god forplejning.

Om natten sov vi inde i en stor kaserne. Vi lå på gulvet og sov meget om natten. Vi blev først vågen hen på formiddagen, da vi skulle have noget at spise. Da vi var færdige med at spise, fik vi lov til at vaske os lidt, der flød en lille å lige forbi kasernen.

Det var meget behageligt at få sig vasket, da vi ingen lejlighed havde haft til det i den sidste måned.

Lige over middag fik vi igen forplejning, vi skulle om eftermiddagen med toget. Da vi var færdig med at spise, blev vi opstillet, og nu gik det efter banegården. Da vi kom til banegården, stod der et langt tog. Vi kom fyrre mand i hver vogn, det var jo kun kreaturvogne. Hen imod aften kørte vi fra denne by. Vi var meget glade, for nu kunne vi køre, det var bedre som at gå til fods. I vognen lå vi meget godt, to lag brædder kom ind i vognen, det ene lag en alen fra gulvet, og det andet to alen fra gulvet. Og på brædderne lå vi godt tæt sammen. Vi sov meget om natten.

Den næste dag kørte vi hele dagen næsten uden at holde. Da det begyndte at blive mørkt, snakkede vi lidt om forplejning, men vi skulle få den, når toget holdt, sagde den russiske posten, som var med os. Og i den tro kørte vi til den næste dag om formiddagen, det var den ellevte september. Her havde vi nu nået den store stad Kiev. Vi kørte igennem byen ud til den anden side. Der lå en stor fangelejr. Fangelejren hed Daniza. Hen ved middagstid blev vi udladet og kom ind i fangelejren, nu fik vi noget at spise. Nu begyndte nationalismen at komme iblandt fangerne. En fransk professor kom til os og spurgte, om vi alle var tyskere. Men nu var der jo mange nationer blandt os. Elsass-Lothringer, danske sønderjyder og polakker. Den franske professor samlede Elsass-Lothringerne og sønderjyderne, altså kom vi med dem ind i fangelejren.

I fangelejren:

En meget stor plads var omgivet med pigtråd og høje planker. Fangelejren var delt i to dele, den ene del for officerer og den anden for menige. I officerernes del lå der ikke så mange barakker. I den anden del lå der godt tredive barakker. Fire og fire lå for enden af hinanden. Barakkerne var bygget på samme måde.

Godt en meter var de gravet ned i jorden. Da de nu lå en meter dybt i jorden, var der ingen sider i barakkerne, taget nåede ned til jorden. Oven på var der smidt jord. Der var to vinduer i hver ende af barakkerne. Inde i barakkerne var der kun nogle brædder at ligge på. Da vi kom ind i fangelejren, var der ikke mange, kun nogle få Elsass-Lothringer og én sønderjyde. Vi var nu elleve sønderjyder sammen og mange Elsass-Lothringer. Da der kom flere fanger til hele dagen, blev vi for mange til at være i en barak. Den næste dag kom vi sønderjyder i en anden barak, men Elsass-Lothringerne blev der. Om aftenen kom der flere fanger, vi stod og så, om der skulle være sønderjyder med. Denne aften kom der fire sønderjyder til. Sådan gik det til vi var femogtyve sønderjyder sammen.

Vi fik forplejning om morgenen og om aftenen. Suppe, brød, te og sukker. Da der nu var kommet så mange Elsass-Lothringer, kunne den franske professor ikke magte det alt sammen, han ville råde os til at rejse med en transport.

Den 16. om aftenen kom vi ud af fangelejren, vi skulle på rejsen længere ind i Rusland. Vi kom fyrre mand i hver vogn. Toget gik ikke den aften, vi blev stående til den næste dag om middagen. Nu gik det øst på igen. I tre dage kørte vi og nåede den gamle hovedstad Moskva.

Lemberg ligger i det nuværende vestlige Ukraine og hedder i dag Lviv.

Da færdslen ikke var så god, som den kunne have været, blev vi stående uden for Moskva i to dage. Den enogtyvende om natten kørte vi fra Moskva. Nu gik det i nordøstlig retning. Vi kørte efter en linje, som gik efter den sibiriske grænse. Et lille stykke af linjen er fra Moskva over Jaroslav, Kosrona, Wjiertka til Perm.

Nu var der gået nogle dage, vi havde den anden oktober, da vi kom til Perm. Om aftenen klokken ti kom vi ud af toget, men kom straks på en damper. Med damperen gik det sydpå, ned af floden Kama, en biflod til Volga. Vi kørte til den næste morgen. Vi kom til en by, som hed Calievod. Her i Calievod blev den halve del af fangerne ud af damperen. De skulle arbejde her.

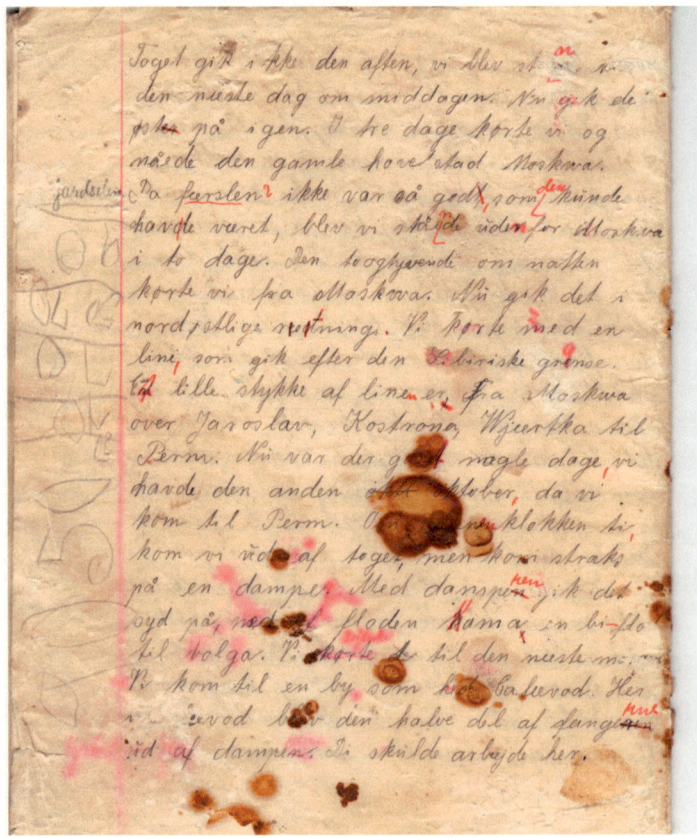

****

Her mangler noget tekst i den håndskrevne dagbog, men på Rigsarkivet i N.H. Rasmussens privatarkiv, nr. 6076a, er der Uddrag af Peter Posts dagbog, og her findes disse sider.

Da vi nu var femogtyve sønderjyder, traf det sig så uheldigt, at to af os kom med ud af damperen i Calævod. Vi kunne ikke gøre noget for det. Nu var vi treogtyve sønderjyder. Vi sejlede med damperen til en by, som hed Sarapol. Her til Sarapol kom vi om eftermiddagen; klokken var tre. Da vi kom af damperen, kom der en stor russer, som vi skulle arbejde for. Vi var meget medtagen af den lange rejse; alle fangerne fik et halvt brød.

Byen Sarapol lå den vestlige side af floden Kama. Vi skulle over på den anden side af floden. Vi måtte vente til færgen kom. Der var ingen bro over floden. Hen mod klokken fire kom færgen; vi gik om bord på færgen. Det tog en lille tid på en halv time, så var vi på den anden side. Her så det ikke ud efter meget. Vi stod foran en skov, som der var ingen ende på. Vi var en hundrede og tyve mand.

Et stort stykke vej gik vi igennem sump og krat. Da vi var kommen igennem krattet, kom vi ind i en meget skøn skov. Skoven bestod mest af fyrretræer og grantræer, nogen så skønne, så det var en lyst at se på. Træerne var nogen lange og slanke fra tyve til seksogtyve meter lange. Da vi var gået seks kilometer, kom vi ind på en fri plads i skoven. På den plads lå der en del små huse og en lille sø med en vandmølle. Vi kom hen til et af de små huse. Der var fanger, som have været i fangenskab i to år. Her blev vi opstillet; vi skulle deles i seks hold. Da vi blev delt, traf det sig sådan, at vi sønderjyder kom i to hold, i det ene var der tretten og i det andet ti. Jeg kom i det hold med ti. De andre sønderjyder skulle et andet sted hen. De gik den samme aften. To andre hold gik også samme aften; det var mest østrigere. Et hold skulle blive.

Nu var vi to hold tilbage. Vi blev om natten i barakken. Den næste dag om morgenen gik det ene hold. Nu var der kun os tilbage. Om formiddagen fik vi hver en økse og tre mand en sav. Nu kunde vi begynde at slibe økser og skærpe saven. Vi måtte også selv lave håndtag på saven og skaft på økserne. Vi blev endnu den næste nat i barakken. Dagen efter kom der en opsynsmand, som skulle føre os til det sted, hvor vi skulle hen. Vi var tyve mand i det hele, ti sønderjyder og ti østrigere. Ingen af østrigerne kunne tale tysk; der var dog to, som kunne lidt; de fleste talte slavisk, og det kunne vi ikke, derfor talte vi ikke meget med dem. Det var meget underligt at være sammen med folk, som man ikke kan tale med. Det var den femte oktober om formiddagen, vi gik fra de andre. Da vi var gået en syv kilometer, kom vi til et hus, her skulle vi være.

Nu begyndte vi at se vort nye hjem. Huset var bygget af træ det hele. Store træstammer var lagt oven på hinanden. Ind imellem træstammerne var der lagt hør eller mos, for at vinden ikke skulle pibe igennem. Huset var delt i to dele med blot et rum i hver. Midt i rummet stod en kamin, ved den ene side stod et lille bord, rundt om ved væggene bænke. Rundt om huset og stalden var et højt plankeværk. I den ene ende af huset boede en Förster; vi skulle være i den anden ende.

Da vi kom ind, begyndte vi at se efter, hvordan vi skulle sove om natten. Vi snakkede om, hvad det skulle blive til. Vi havde ingenting med os. Det hele, hvad vi ejede, var en østrigsk Kogekedel, ellers intet.

Hen på formiddagen kom en opsynsmand til. Nu havde vi to opsynsmænd. Da han kom, skulle vi straks ud at arbejde. Forstmanden og begge opsynsmændene gik med os ud i skoven. Vi havde to kilometer at gå.

Nu skulle vi til ….

****

og den håndskrevne dagbog fortsætter:

.... at arbejde i skoven. Ingen af os kendte meget til skovbrug. Jeg arbejdede med to andre sønderjyder. Den første dag blev det ikke til meget.

Om aftenen, da vi kom hjem, troede vi, at vi skulle have suppe, men det fik vi ikke. Vi havde endnu et lille stykke brød tilbage. Om natten lå vi på gulvet, det var ikke så behageligt i den første tid. Vi kunne ikke forstå, hverken opsynsmanden eller østrigerne.

Da der var gået en fjorten dage, fik vi et regnskab på det træ, som vi havde lavet. Nu var vi spændte på, hvad vi fik for vort arbejde. En af østrigerne, som skulle gå til byen efter proviant, skulle også gøre regnskabet op. Arbejdet var på akkord, og hvad vi skulle have, måtte vi selv købe. Da vi nu kom hjem om aftenen, fik vi at vide, hvordan det hele stod til. For én kubikmeter fik vi toogtres kopek. Brød kostede ofte en halv kopek for pundet.

I den første tid kunne vi ikke lave så meget, da vi ikke var vant til det arbejde, så det ikke blev meget tilovers til tobak. Det skulle der, for de fleste ville gerne ryge.

Da der var gået en lille tid, fik vi nogle brædder til at lave bretse af. Nuvel, jeg forklarer det ord bretse. Det var brædder, som vi lå på om natten, når vi sov. Brædderne var opstillet sådan, en alen fra gulvet, ved hovedet var det for det meste lidt højere. Der lå vi tyve mand i én række. Det var en meget god seng, tæpper og dækkener eller madrasser, nej så stort var det ikke. Nogen tid efter fik vi lidt halm og lidt bast. Nu kunne vi lave os en madras. Vi tog nogen bast og lidt halm, bandt det sammen i en form af en madras, og det lå vi på, under hovedet havde vi et stykke træ.

Nu er vi kommet hen imod november måned og det begyndte at fryse lidt. Nu begyndte vi at tale om lidt tøj. Vi havde ikke andet, som det vi gik i, og det begyndte også at tage sig lidt. Endelig kom en af vore mestre med lidt tøj til os. Vi fik hver en skjorte og hver en underbenklæder, men det var tynde sager, det varmede ikke meget. Så fik vi også en pels, nogen af os fik i stedet for pels en tyk jakke, disse var meget varme i den kolde vinter. Så fik vi hver to par fodklude og to par handsker. Fodkludene, det ene par var lavet af hør og hamp, og de var så lange, at de nåede fire gange om benet. Det andet par var linned eller sækkelærred, de var også så lange. Det ene par handsker var læder, det andet par var lavet af hår og hør, det var ikke meget værd, når man trak dem på, så gik de itu. Og så kommer det sidste vi fik, hvad man skal kalde det, ved jeg snart ikke, men vi kaldte dem ladze. Det var vort fodtøj. De lignede mest sandaler, de var lavet af lindebark. Når man hører det, så er det ikke mange, som forstår det, men det var det bedste fodtøj i den egn. Fodkludene blev først lagt om foden og op af benet, så de nåede op til knæene. Oven over fodkludene trak man så disse ladze på. I disse ladze var der to bånd, som blev bundet på fødderne, båndene kunne nå fire gange om benet. Da det nu var sådan et let fodtøj, kunne det ej ikke holde længe, som vinteren i tre uger og om sommeren i en uge.

Da der var gået en lille tid, kom mesteren også med en gryde og fire bakker og andre køkkenredskaber. Gryden fik vi opsat inde i rummet ved kaminen. Nu kunne vi koge, hvad vi ville, men det var ikke så godt med kogen, hvor vi sov, alting blev meget vådt fra dampen, og det forstyrrede os meget om morgenen.

Et par dage efter kom mesteren og spurgte, om der var tømrer iblandt os, for der skulle bygges et køkken og en barak til os, fangerne. Køkkenet skulle først bygges.

Da der var én tømrer iblandt os sønderjyder og én mand

iblandt østrigerne, som også kendte lidt til den kunst, fik de to en akkord på at bygge køkkenet. Nu begyndte de straks at fælde til det. Det hele blev bygget af træ. Træstammerne blev lagt oven på hinanden, imellem stammerne blev der lagt mos. Taget var to lag brædder. Det varede ikke mange dage, før køkkenet var færdig. Nu skulle der også mures en skorsten, en stor gryde og en kogekedel skulle opsættes. Da der var ingen murer iblandt os, kom en russer og gjorde det. Der blev en skøn skorsten opmuret, og i køkkenet blev der to store kogegryder og en stor vandkedel opsat. Nu havde vi et meget godt køkken, med det samme blev alle køkkensager flyttet derover. Nu blev det også meget hyggeligt i vor bolig, da der ikke blev kogt længere.

Da vi kom hen sidst i november måned, begyndte det at blive koldt. Der lå et lille lag sne, og det frøs op til tredive grader (C). Mange af os blev syge og fik fingre og tæer forfrossen. To af sønderjyderne blev meget syge og kom på sygehuset. Efter de havde været der en lille tid, kom den ene tilbage igen, men den anden blev der, for han var meget syg endnu. Nogen tid efter fik vi at vide, at han var død den fjerde januar 1917. En af østrigerne blev også meget syg, han kom også på sygehuset, han døde længere hen på vinteren.

Vort arbejde gik ikke så godt, da vi ej heller var vant til den kolde vinter. Vi tjente ikke mere, som vi lige kunne få to gange suppe og én gang brød om dagen. Vor suppe bestod mest af ærter med et par løg og lidt tælle i. Brødet spiste vi altid tørt, for smør eller fedt, det var os for dyrt.

Nu nåede vi jul. Russerne havde jul senere. Vi fik heller ikke lov til at holde vor egen jul, vi måtte i skoven hele dage, både første og den juledag. Juleaftensmad var det samme som de andre aftener, ærter som vi plejede at få. Julen mærkede vi ikke meget til, vi gik også i skoven hver dag mellem jul og nytår.

Da vi nåede den russiske jul, skulle vi blive hjemme, vi var hjemme fra den syvende til den ellevte januar, altså i fire dage. Denne tid blev også lidt lang for os, men vi fik da også lidt glæde i denne tid.

Den anden juledag i den russiske jul fik to sønderjyder et kort hjemmefra. De to sønderjyder var fra Haderslev. Det gjorde en stor glæde iblandt os, især for de to, som fik kortene, men vi andre glædede os også over det, for nu vidste vi, når deres breve eller kort var nået hjem, så var vores brev eller kort også nået hjem, og nu kunne vi vente efter noget i fremtiden hjemmefra.

Lige efter jul skulle vi lave et andet arbejde. Vi kom hen på et andet sted, hvor der var en meget pæn skov, store og slanke fyrretræer. Vi skulle save et stort parti stammer, barke dem af og save dem af på en bestemt længde.

Det skulle bruge til at hjælpe ved at bygge en jernbanebro over floden Kama. Vi savede et 1000 stykker, så havde de nok. Så kom vi igen til vort eget arbejde. Vor mester kom altid sidst i hver måned og overtog det træ, vi havde lavet. Han skrev det op og sendte det til kontoret. Derfra fik vi så pengene. Vor tolk gik altid en gang om ugen til byen og købte brød og proviant, han havde også altid postsager med til os, når der var noget på posthuset.

En dag i byen

Der lå en lille by ikke langt fra os. Vi havde en halv time at gå. ….

Her mangler noget tekst

40

****

Følgende tekst er fra Rigsarkivet:

Da vi kom lidt længere hen i tiden, blev det koldere, men alt gik sin jævne gang. Nu var vi i februar måned, og der lå et lag sne på over en meters dybde. Det var lidt trist om morgenen at tænke på, over fire kilometer havde vi at gå i den dybe sne, inden vi nåede stedet, hvor vi skulle arbejde, og så gå hele dagen i den dybe sne og fælde træer. Vi blev i skoven hele dagen, for det var for langt at gå hjem om middagen. Da der nu var så koldt, og brødet var altid frosset, måtte vi have lidt ild på. Vi lavede et stort bål, så at det blev godt varmt omkring os. Her satte vi os ned omkring bålet. Brødet var for det meste så frosset, at vi ikke engang kunne skære i det. Vi tog en lille tynd gren, stak brødet på den ene ende og satte det helt hen til ilden, så at det blev optøet. Når brødet så var lidt optøet, tog vi kniven og skar en lille skive af, så kom det hen til ilden igen. På den måde spiste vi ….

og den håndskrevne dagbog fortsætter:

…. brødet. Vi skulle jo også have lidt at drikke, men da vi nu ikke tjente så meget, kunne vi ikke købet et krus til at tage vandet med. Der var kun en mand iblandt os, som havde fået feltflasken med, men deri kunne jo ikke være til os alle sammen. Vi lavede vand på en anden måde, vi tog en kogekedel med til skoven, den fyldte vi med sne og satte den over ilden, så at sneen blev til vand, vi fyldte kedlen så længe, til den var fuld af vand. Vandet af sneen var ikke så godt at drikke, det var lidt fedtagtig, men det gik også.

Den sidste lørdag i februar måned da vor tolk kom fra byen med brød og proviant, havde han et kort med til mig fra posthuset, der var kommet penge til mig, men hvor de kom fra, vidste jeg ikke, for jeg havde endnu ikke fået nogen hjemmefra.

Den næste lørdag skulle jeg så gå med til Sarapol. Vi skulle selv hente vore penge, når der var nogen. På lørdag måtte jeg lidt tidligere op end ellers, for der var lang vej at gå. Vi havde 12 kilometer til byen. En opsynsmand havde vi også med os.

I byen Sarapol

Vi kom ind i byen hen på formiddagen. Der var altid marked hver lørdag og fuldt af heste, kvæg, fjerkræ og meget andet. Vi gik først hen til kontoret, jeg fik mine penge og tolken fik lidt forskud, opsynsmanden fik hans lønning. Vi gik så på markedet, jeg købte et fad og lidt andre sager. Da vi have set os lidt om, gik vi ind i et krohus og fik en kop te. Så gik vi tilbage til markedet igen, der var en mand, som skulle samme vej hjem, jeg kom så op at køre, tolken havde meget at købe endnu, men jeg kørte med den mand hjem til skoven igen. Da der var så meget sne, kørte de jo alle i slæder, det gik meget hurtigt. I løbet af en lille time var vi hjemme.

Hen sidst i marts måned begyndte det at tø, solen begyndte også at varme lidt. Da det nu blev lidt varmet, blev sneen våd foroven, men den nederste frøs fastere. Det var meget mærkeligt at gå i sneen i denne tid.

Om morgenen, da vi gik til skoven, var der et meget smukt vejr, og solen skinnede meget godt, det havde for det meste frosset lidt om natten. Da vi så kom til arbejdsstedet, kom solen højere på himlen, og det varmede godt, men sneen blev meget våd. Vi gik i det halvt optøede og halvt frosne sne hele dagen. Om aftenen, da vi skulle hjem, var vi våde helt op til livet. Kludene og fodkludene var meget svære af alt det vand. Når vi så var gået et lille stykke, begyndte det at fryse. Når vi var så kommet hjem, var kludene tit frosset helt sammen. Nu gjaldt det om at få kludene tørret igen. Vi hængte dem på på nogen stænger inde i barakken, og så blev der lagt i kakkelovnen, så at der var en meget dårlig luft i stuen.

Da der var gået en fjorten dage, svandt sneen meget, mange steder stod der vand. Sneen ude på marken tøede meget hurtigt, så ude på marken var der som en sø.

En morgen, da vi gik i skoven, blev vi slemt narret. Da vi kom et lille stykke fra barakken, stod der vand over alt, vi kunne ingen steder komme fremad. Vi gik tilbage igen, og glade var vi, nu havde vi fri i nogle dage.

Vi blev hjemme i en hel uge, så sank vandet igen. Ude på marken var sneen snart borte, men i skoven holdt den sig længere. Vi var nu i april måned, nu var det herligt at gå i skoven. Men vi fik et simpelt indtryk af foråret i Rusland, ingen fugle sang, alting var så stille, kun en enkelt høg eller ravn hørte man fra luften. En del træpikken hørte man også, ellers andre sangfugle var der ikke.

Der gik en lille tid endnu, før træerne begyndte at springe ud. Men da der var så meget varmt, blev de grønne af en gang. Den store herlighed var nu der igen. Men den tredje dag fik vi nok.

Et lille stykke vej fra os, en fire kilometer op ad floden, var også en stor træplads. Denne træplads stod et lille stykke ind i skoven, den lå ved en biflod til Kama. Da der ikke var så meget vand, måtte de jo skynde dem lidt, for ellers fik de ikke træet bort derfra.

Nu havde russerne flere slæbere af forskellige størrelser. De havde en, som de kaldte Kama, en meget stor og stærk slæber. Den kunne rumme over 3000 kubikmeter. Denne store slæber havde de slæbt ind til denne træplads. Fangerne havde længe arbejdet hårdt der, for at få den fuld så rask som muligt. Men da den var fuld, blev slæberen stående i to dage, i den tid sank vandet så meget, at de næsten ikke kunne sejle ud.

Endelig kom der en damper, som skulle sejle den ud. Damperen fik fat og begyndte at sejle den ud. Men da de kom i mundingen af den biflod, var der for lavt vand, og slæberen blev siddende. Nu var russernes klogskab ude. Nu vidste de snart ikke, hvad de skulle gøre. To små slæbere havde damperen med sig, som skulle lades. Disse to sejlede hen ved siden af den store. Nu skulle dækslasten lades af.

Det var den tredje fridag, vi skulle have, at lade dækslasten af.

Vi blev hentet hen på eftermiddagen. Vi var 100 fanger, som skulle nu til at arbejde. Dette arbejde havde vi ikke i akkord, men i dagløn, og daglønnen var kun lille, og vi fik kun en halv dagløn, og den beløb sig til 35 kopek, altså næsten ikke noget, det var os for lidt, derfor blev der ikke arbejdet meget. Det mærkede russerne også, og så begyndte der et helt marked, ja meget værre, jeg glemmer aldrig disse dage.

Vi havde tre mestre og ti opsynsmænd. De stod alle og råbte efter os hele tiden, jo mere de råbte, jo langsommere gik arbejdet. Den ene fange ville trykke sig mere som den anden, råben og skrigen blev ved hele eftermiddagen. Omsider nåede vi aften klokken 6, så havde vi jo fyraften de andre dage, men nej, den aften forregnede vi os. Efter den tid blev det værre endnu med den råben og skrigen, vi troede, at russerne var blevet forrykte. Vi fik først fyraften, da klokken var godt 10, altså fra 10 om formiddagen til 10 om eftermiddagen, det var en halv arbejdsdag ved russerne, vi fik kun 35 kopek for det. Dagen efter blev vi vækket om morgenen klokken fire. Vi gik med det samme derhen igen. Da vi kom ombord på slæberen, begyndte det med det samme, som dagen i forvejen, råben og skrigen hele dagen. Vi kunne ikke forstå, hvad de sagde, men vi vidste nok, hvad det betød. (Der var også forskellige, der fik lidt af stokken.) Denne dag blev os lidt lang. Vi måtte ikke engang få så meget tid til at spise mad. Hen imod aften havde vi dækslasten afladet. Nu var der kommet en damper mere. Nu skulle de to prøve, om de kunne få damperen løs. Efter en lille tid kom den løs, og glade var vi. Den blev sejlet midt ud i Kama sammen med de to små slæbere. Den næste dag skulle vi lade på den store igen, vi gruede den samme aften for den næste dag, og betingelsen blev, at mange af fangerne løb ind i skoven eller var de blevet syge, men der var ikke noget der hjalp, lige efter at de fleste var gået, gik opsynsmanden ind i hvert kvarter, var der også var der ….

Her mangler noget tekst

****

Følgende tekst er fra Rigsarkivet:

… Der gik en lille tid hen i maj måned, så fik jeg et kort hjemmefra; den glæde, jeg fik ved det, er ikke til at beskrive. I ni måneder havde jeg intet hørt. Kortet var to måneder gammelt, men det var meget hurtigt i Rusland.

****

Her mangler noget tekst

og den håndskrevne dagbog fortsætter:

...også var der. En søndag skulle vi også arbejde hele dagen, vi fik næsten ingen ro. En søndag havde vi den russiske pinse, denne dag holdt russerne hellig, alle fangerne, som var katolikker, var i kirke i byen Sarapol. Vi sønderjyder var næsten alene tilbage. Men der var fire gamle østrigere også tilbage. De var meget trætte, og ville hvile dem lidt efter de strenge dage. Men da alle andre var gået, kom to af opsynsmændene og så alle kvarterer efter, da de så os, sagde de, vi skulle gå hen og arbejde, vi gik med det samme. Opsynsmændene gik også ind til de fire østrigere. Østrigerne lå og sov, men de blev vågen og hørte, at de skulle arbejde, ville de ikke. Men det vidste opsynsmændene råd for. En tyk stok havde de med, og så gik det løs med stokken.

Vi sønderjyder var lidt før ved arbejdspladsen. Vi kunne ikke forstå, hvad der var i vejen. De fire gamle østrigere kom i fuld fart hen til os, og opsynsmændene bagefter med råben og skrigen.

Vi stod lidt og så, hvad det betød, indtil østrigerne kom hen og fortalte os det, de havde fået nogen af stokken, fordi de ikke ville arbejde den dag.

Da vi kom lidt længere hen i tiden, blev det meget varmt, vi svedte, så at vi var helt våde, vi havde en varme af 40 grader (C). Vi blev færdig hen sidst i juni måned. Den 28. juni var vi færdig med det arbejde, vi var meget glade, at vi nu kunne komme i skoven igen.

Den næste dag pakkede vi vores sager sammen og gik tilbage i skoven igen. Men nu var der ikke så behageligt at være der, som der var, da vi gik til Kama. I skoven var det meget varmt og fuldt af fluer, myg, bremser og andre insekter.

46

Arbejdet i skoven om sommeren

Da det nu var blevet sommer, og det var meget varmt, var arbejdet og skovlivet det modsatte som om vinteren.

Vi havde to opsynsmænd, men de var ikke så dårlige, som opsynsmændene var ved Kama-floden. Vi gik nu og rådede og selv for det meste.

Om morgenen stod vi op klokken fire og gik i skoven. En meget herlig morgentime. Solen var lige ved at gå op, frisk og sund var luften. Vi var i skoven henved klokken fem, nu begyndte vi vort arbejde, vi stod endnu i skygge og arbejdede, da vi kom lidt længere op på formiddagen, kom solen højere på himlen, og nu begyndte det at varme, varmen medførte sig også mange insekter. En stor flok af store bremser, fluer og i tusinder af myg, nu var det næsten ikke til at arbejde, vi svedte, så at vi var helt våde over hele kroppen.

Hen imod middag kunne vi ikke holde det længere ud, vi gik hjem og lagde os til at sove. Da vi nu boede i skovkanten, var der altid lidt køligt, vinden blæste lidt altid fra udkantens side, der var vi næsten fri for myg om dagen, men når vi så kom til aftenen, kunne vi snart ikke være der.

Inde i barakken var altid fuldt af myg og andre insekter, så vi fik næsten ingen ro om natten. Vi lagde os tit ude på marken om natten, men det varede ikke længe, før der var også fuldt af myg, så at vi blev meget plagede af det utøj.

I august måned begyndte det at blive køligere, fluerne og bremserne forsvandt lidt efter lidt, men myggene holdt sig stadig, men nu kunne vi da arbejde i skoven uden forhindring af denne slags. Lidt længere hen i tiden blev det endnu bedre, nu var alle fluer og bremser borte, og kun enkelte myg var tilbage. Arbejdet gik meget godt, vi tjente meget, og nu fik vi også pakker og breve stadig hjemmefra, pengene fik vi også hjemmefra. Denne tid havde vi det meget godt, vi rådede os selv næsten hele tiden, vi kunne selv om, hvor meget vi ville lave, men det blev vi også klog på. Vi lavede også lidt mere end før, og vi fik jo også mere penge udbetalt. Nu kunne vi købe alt, hvad vi ville have.

Vi gik næsten hver dag til en lille by, som lå en halv times gang fra os. Om aftenen, når vi så kom fra skoven, delte vi så de indkøbte sager.

Nu var vi i september måned, og vejret var meget smukt, og alt gik rigtig godt. Hen midt i september måned skulle vi hen og grave kartofler op, som mestrene havde ladet plante i foråret, disse skulle fangerne også have af.

Vi arbejdede ved kartoflerne i fem dage, så var vi færdig. Kartoflerne blev kørt til alle barakker.

Vi gik nogle dage i skoven igen, så kom vi til at brænde grene af. Der lå meget kvas omkring i skoven som skulle brændes af. Ved dette arbejde var vi i fire uger.

Nu nåede vi november igen, denne følelse som vi fik, da det begyndte at fryse igen! Det frøs stadig i november måned, og det begyndte at sne. Nu var vi også klar over, at vi skulle blive der endnu en vinter.

Da der nu var så mange barakker i denne skov, hvor der var fanger, var der også blevet en hel del syge og var kommet bort. I vores barak var vi kun 16 mand, før var vi 20, og sådan gik det med de fleste. I november kom der flere til vor barak. Der kom fire tyskere og en del østrigere, så at vi blev 33 mand. Nu var vi snart nok, barakken blev fuld, men der blev mere løjer dreven, så vi havde det helt hyggeligt.

Befolkningen i denne tid

Hele efteråret så vi nok, at soldaterne gik og drev rundt i byen, vi kunne ikke forstå, hvad det betød. Folket snakkede også om revolution, men det kunne vi ikke begribe. Nu hørte vi i begyndelsen af novembermåned, at der var revolution i alle byer i Rusland, og nu kom der også mange soldater fra fronten og gik hjem. Vi hørte også fra byen skyden af maskingeværer og soldatergeværer.

Den 8. november om aftenen, da vi gik hen og sov, var det helt roligt. Hen på natten skulle jeg ud, til stor forbavselse så jeg noget, jeg aldrig har set før, byen Sarapol brændte. Selve byen kunne vi ikke se for skoven, men det lyste så meget op i skyerne, så at den 1/4 del af verden var oplyst, man hørte skyden af maskingeværer og ind imellem soldatergeværer hele natten igennem. Sådan gik det en nat mere.

Vor tolk skulle til byen den næste lørdag, men det kom han ikke, for det var for farligt at komme derover. I hele tre uger var der oprør i byen, vi fik også vor del af det, men på en anden måde. Da vi nu ikke kunne komme til byen Sarapol efter brød og proviant, måtte vi nøje med at købe noget i vor landsby, men det var dobbelt så dyrt der, som det var i Sarapol.

Da oprøret hørte op, og det begyndte at blive lidt rolig, gik vor tolk atter til Sarapol. Da han kom hjem fra Sarapol, fortalte han os meget om revolutionen, næsten den halve del af byen var nedbrændt, mange store bygninger var .....

****

Her slutter den håndskrevne dagbog, som har været opbevaret i familien, men i Rigsarkivets gemmer findes uddrag af Peter Posts dagbog, og der er følgende tekst:

... Lige efter den russiske jul fik vi at vide, at russerne havde våbentilstand med Tyskland. Vi glædede os meget, for vi ville jo gerne nok hjem igen, men vi ville ikke ud i krigen. I løbet af vinteren gik mange rygter om udveksling af fanger, men hvorvidt det passede vidste vi ikke. Vi ventede efter, at der skulle komme bud, vi skulle komme hjem, men det blev langvarigt. Der kom ikke bud i februar, heller ikke i marts, men vi troede at det skulle komme i april, men der kom ej heller noget.

****

Fortsættelsen

Her slutter det, der er bevaret af dagbogen. Peter Nissen Posts datter, Didde Pedersen, mener, at små børnefingre sandsynligvis har været årsag til, at de er forsvundet. Hun fortæller nemlig, at hun kan huske, at hun og hendes søskende har læst i den som børn. På kopiet på side 34 kan man i margenen se bogstaver, som sandsynligvis er skrevet af børn.

Under de mange samtaler undervejs i denne bogs tilblivelse snakkede min faster flere gange om ting, hvor hun henviste til dagbogen. Flere gange måtte jeg sige til hende, at det, hun fortalte, ikke var med i dagbogen, men det var altså ting, hun huskede havde stået der. Derudover var der ting, som hun kunne huske, at hendes far havde fortalt; noget havde hun skrevet ned for mange år siden, og andet har hun fortalt i en radioudsendelse på Radio Syd-Vest i 2002.

Nedenfor fortælles historien om Peter Posts rejse fra Sarapol, til Moskva og siden til Danmark. Den er dels fortalt af Didde, og dels er den suppleret med oplysninger fra forskellige beretninger fra andre, der har været i Rusland, enten har de selv været krigsfanger, eller de har hjulpet krigsfangerne, mens de har været i lejrene eller med hjemsendelsen, og dels har historikere beskæftiget sig med det. I litteraturlisten kan den interesserede læser finde flere oplysninger.

Besøg af Pastor Jensen

Didde Pedersen, Peter Posts datter:

"Vinteren 1917-1918 gik, og i pinsen kom Pastor Jensen til fangelejren ved Sarapol. Han prøvede på at få alle sønderjyder med derfra til en anden lejr, hvor fangerne havde det bedre. Da styret i Moskva var blevet udskiftet efter revolutionen, ville de ikke godkende hans papirer, og de kom så ikke derfra. De fik jo så bekræftet af Pastor Jensen, at krigen var ovre og andre nyheder fra hele verden."

Pastor Jensen kom til Rusland i foråret 1917, da de danskere, som stod bag hjælp krigsfangehjælpen i Danmark, manglede en kontakt i Rusland. Forinden havde han været i krigsfangelejre i Frankrig, hvor der var blevet oprettet særlejre for sønderjyder.

Han blev så at sige den danske krigsfangehjælps forlængede arm i Rusland, og han havde kontakter til russiske myndigheder, den danske vicekonsul Edstrøm, Røde Kors – både den russiske, franske, svenske og danske Røde Kors, og ikke mindst med det danske gesandtskab i Petrograd.

Pastor Jensen besøgte fangelejrene og formidlede kontakt mellem fangerne og danskere i Danmark, der så kunne sende breve og hjælpe med penge, og hvad fangerne ellers behøvede. Han var den, der fandt frem til fangerne i lejrene og hjalp dem med kontakter og penge, så de kunne komme ud af Rusland og hjem til Danmark.

Pastor Jensen skriver i sin beretning om pinserejsen til Sarapol, hvor han vidste, at der skulle befinde sig 21 sønderjyder; men han vidste ikke, om de var der endnu. Han tog af sted med toget en tirsdag morgen sammen med en medhjælper. Toget var propfyldt, og det var vanskeligt at få en plads i toget, og mange sad oven på toget, andre hang på siderne og andre igen stod på bufferne. Første del af turen tog 1½ døgn.

Fra Nischi Novgorod tog de med skib videre til Kasan, og i stedet for at sejle hele vejen tog de nu toget nordpå i næsten to døgn og sent fredag aften ankom de til Sarapol.

Næste morgen begyndte de at undersøge, hvor sønderjyderne kunne opholde sig. Der var i alt omkring 2500 krigsfanger i Sarapol og omegn. Pastor Jensen fik at vide, at de boede i en barak på den anden side af Kama-floden, og han nåede frem til dem til aften og blev der til næste dag, hvor de fejrede pinse ude i skoven. Han hørte om deres liv i skoven, arbejdet i skoven, kulde og forfrysninger om vinteren, vand om foråret og bremser og myg om sommeren, dertil kommer manglen på tøj og den tarvelige kost, som gjorde, at de var underernærede og svækkede som han skrev. For fangerne drejede alt sig først og fremmest om arbejde og mad.

Det, som Pastor Jensen mest af alt bemærker, er, at de intet vidste om, hvad der er sket i verden. Så han kan fortælle dem om krigens afslutning og revolutionen i Rusland og andre ting, der er sket i verden. Han beskriver også, hvor stor en glæde det var, da to af deres landmænd dukkede op. Efter pinse-gudstjeneste, sang og snak, bobler glæden helt over i Jensen, og han er nær ved at give sig til at danse, da han tog fra dem for at tage ind til Sarapol.

Næste dag ville han sikre sig en rejsetilladelse for fangerne, selv om han ikke anså det for absolut nødvendig, idet der jo var megen frihed. Trotskij havde ved novemberrevolutionen i 1917 proklameret, at alle krigsfanger var frie mænd. Men Pastor Jensen ville ikke risikere, at de blev stoppet på vej væk. Rusland havde allerede i december 1917 indgået en våbenhvile med Tyskland og i marts 1918 havde de indgået en fredsaftale, men fangeudvekslingen havde ladet vente på sig. Begge lande havde brug for fangernes arbejdskraft, da mange af deres mænd i den arbejdsduelige alder enten var ved fronten, døde eller i fangenskab.

Myndighederne ville ikke godtage Pastor Jensens tilladelse til at tage fangerne med, idet tilladelsen var givet under den tidligere regering, Kerenskij-regeringen. Han forsøgte at få en ny tilladelse via telegraf, men al kommunikation var stort set afbrudt under de kaotiske tilstande, der herskede efter revolutionen. Efter 14 dages venten forstod han på den stedlige myndighed, at den ikke ville anse det for utilladeligt at rejse på egen hånd. Det tog Pastor Jensen som et vink, han fik fat i billetter til damperen til 9 mand, ham selv og 8 mand fra lejren - resten skulle så komme senere sammen med medhjælperen, men da de skulle gå om bord, forbød de vagthavende bolsjevikker med pistoler fangerne at komme med. Og det endte med, at Pastor Jensen og medhjælperen selv måtte rejse. Men inden han rejste, gav han dem nogle penge, så de kunne købe sig bedre mad.

I en artikel i Holbæk Amtstidende skriver Pastor Jensen i efteråret 1918, at han havde været på "en såre interessant pinserejse langt østpå for at finde 20 fanger, der arbejdede ved Kama-floden. De blev fundet, og 11 af dem kom kort tid efter til vor lejr."

"Vor lejr", som omtales var lejren Jurjev-Polskij, som var blevet oprettet til at hjælpe sønderjyder under deres fangenskab. Lejren blev betegnet som en særlejr for sønderjyder. Bag arbejdet med at hjælpe sønderjyder i krigsfangenskab stod N.H. Rasmussen, som var cand. polyt. og tidligere lærer på Vallekilde Høj-

til noget, der senere ſkulde udvikle
meget: Anbringelſe af Fangerne
Arbejde hos ſkandinaviſke Firma
Der var nemlig ſaa liden Kontr
nu, at Fangerne godt kunde og r
ſaa gerne maatte forlade Lejre
Maj: En ſaare interesſant Pinſer
ſe langt øſtpaa for at finde 20 Fa
ger, der arbejdede i en Skov v
Kamafloden. De blev fundne, og
af dem kom kort efter til vor Le
    Juni: Fik jeg Opholdsſted i Mo
va og hjalp derfra efterhaanden ov
trent alle Fangerne ind i Arbej
bort fra Lejrſulten og Lejrensſr
migheden. Juli: Udvidedes dette
Anbringelſe ogſaa i Petrograd
andre Steder. Dermed fortſattes
Auguſt og September, ſaa tilſidſt
le var vel anbragte hos danſke Hu
bønder paa gode og trygge Sted
Førſt i Oktober kunde jeg rejſe
Petrograd og kunde for den Sa
Skyld have rejſt hjem, men fik Lr
til at blive lidt endnu og ſkaffede m
derfor Arbejde i det danſke Geſant
ſkab. En interesſant Afſlutnin
hvor jeg paa nærmeſte Sold kun

Holbæk Amtstidende bringer i efteråret 1918 *Et brev fra Pastor
N.A.Jensen* med underoverskriften: *Interesante Meddelelser fra Rus-
land*. Heri skriver han blandt andet om den "såre interessante Pinse-
rejse langt østpå"

skole; senere startede han et gymnastikhus på Vodroffvej i København. Herfra styrede og organiserede han den danske krigsfangehjælp, og da det var lykkedes at oprette særlejre for sønderjyske krigsfanger i Frankrig og England, forsøgte han også i Rusland. Det lykkedes N.H. Rasmussen at skaffe audiens til den danske og svenske konsul hos enkekejserinde Dagmar, og kort tid efter fik han tilladelse til oprettelsen af en særlejr i Pavlovo Posad 100 km øst for Moskva i 1915. Den blev dog hurtig for trang, da mange andre minoriteter også kom dertil, og derefter oprettedes Jurjev-Polskij 200 km øst for Moskva i september 1916, og her var kun sønderjyder.

In memoriam.

Gymnastikdirektør H. N. Rasmussen.

"Saa snart Krigen var brudt ud," skriver Pastor N. A. Jensen, Møgeltønder, i sit Bidrag til „Kirkeligt Samfunds Aarbog", „begyndte Gymnastikdirektør H. N. Rasmussen paa sit opofrende Arbejde for Sønderjyderne. Faa aner endnu, hvad denne stille Mand udrettede. Et mægtigt Arbejde, især med en uendelig Brevskrivning. Mange Traade samledes i hans Haand, og alle havde de Kærlighedens udholdende Styrke ...."

Naturligvis kender nogle, men ikke mange, i Enkeltheder det storslaaede Arbejde, den i Fjor afdøde Gymnastikdirektør i al Stilhed gjorde i Krigsaarene. Det kunde have sin Betydning, ogsaa for Menighedslivet, at faa det skrevet ned. Han var Menighedens Mand, og der var store kristelige Værdier i det, han fik gjort.

Pastor Jensen skriver her i *In memoriam* om N.H. Rasmussens helt enestående indsats for sønderjyder i krigsfangenskab i 1. verdenskrig

«Politikens» Kronik. 12.-4.-22

Sønderjyderne i Rusland.

Redaktør *Axel Rudolph*, Köln, der er Tysker af Afstamning, delte i russisk Fangenskab Skæbne med sønderjyske Soldater. Den følgende Skildring er vistnok den første, der giver Meddelelser om de sønderjyske Krigsfangers Ophold i Lejren Jurjev-Polski.

Der er bleven talt og skrevet meget om de sønderjyske Fangelejre, der under Krigen var oprettet i Frankrig og England, om Sønderjyderne, der var i russisk Fangenskab, er derimod intet eller dog kun meget lidt kommet frem. Grunden hertil er vel for det første den, at Afstanden mellem Hjemlandet og Rusland var for stor, og at der kun kom faa og upaalidelige Efterretninger derovre fra, mens Posten mellem de fransk-engelske Lejre og Danmark saa nogenlunde fungerede. Men dernæst ligger Grunden ogsaa i. at de i Frankrig og England fangne Sønderjyder vendte hjem i sluttet Trop, da Afstemningens og Forløsningens Time havde slaaet. De blev hentet med danske Skibe, og de blev højtideligt modtaget i alle danske Havne. De Sønderjyder, der var saa uheldige eller heldige at komme i russisk Fangenskab, vendte enkeltvis hjem; thi efter det store Sammenbrud i Rusland var der ingen mere, der bekymrede sig om dem. De var fri, de kunde gaa, hvorhen de vilde — men de maatte selv se, hvorledes de kom tilbage til Slesvig, Danmark eller Tyskland. Transportmidler var der ingen af, Levnedsmidler endnu mindre, saa hver enkelt maatte klare sig selv. En naaede langt om længe over Finland og Sverige til Danmark, en anden fandt Vejen gennem Polen og Tyskland, en tredje maatte i Aarevis arbejde hos russiske Bønder, inden han saa en Udvej til at rejse hjem. Saaledes kom Sønderjyderne enkeltvis fra det fjerne Rusland og dukkede op i det genvundne Hjem. Dog var Sønderjydernes Færden i den hvide Czars Rige maaske det mest interessante af alle danske Krigsfange-Eventyr.

Da paa Enkekejserinde Dagmars Initiativ i Sommeren 1916 en Speciallejr for sønderjyske Fanger i Rusland blev oprettet, var de krigsfangne Sønderjyder spredt viden om i det russiske Rige. De sad i Fangelejrene langt oppe i Sibirien, i Tschita og Beresovka, Irkutsk og Krasnojarsk, og kun tre Mand befolkede den til sønderjysk Fangelejr bestemte Plads Pavlovski Tosad, halvtreds Verst fra Moskva. Og som alt i Rusland gik det langsomt, meget langsomt med at faa Sønderjyderne samlet. Russerne tog sig kun af Sagen, fordi det var „Prikass", Ordre fra Petrograd, og var i øvrigt ligeglade med Formaalet for denne Ordning. De kendte intet til „Sønderjylland", for dem var enhver Krigsfange, der var fra „Schleswig-Holstein", tilstrækkelig kvalificeret til at blive sendt til den sønderjyske Fangelejr, og paa denne Maade blev Resultatet naturligvis, at der efterhaanden foruden et Par Snese danske Sønderjyder samledes over Hundrede Kielere, Hamborgere, Rendsborgere etc. i den danske Lejr. Under disse Om stændigheder blev Forholdene snart utaalelige. Mens Danskerne i

Redaktør Axel Rudolph skriver i Politikens kronik d. 12.4.1922 om sønderjyder i russisk fangenskab.

Mens sønderjyske krigsfanger kom hjem fra fransk og engelsk fangenskab til højtidelig modtagelse og festivitas, så var det ganske anderledes for dem, der havde været i russisk fangenskab; for efter det store sammenbrud i Rusland var der ingen, der bekymrede sig om dem. De var frie, kunne gå hvorhen de ville, men de måtte selv se, hvorledes de kom tilbage til Slesvig, Danmark eller Tyskland. Transportmidler var der ingen af, levnedsmidler endnu mindre, så hver enkelt måtte klare sig selv, en nåede langt om længe hjem over Finland, en anden fandt vejen gennem Polen og Tyskland, en tredje måtte i årevis arbejde hos russiske bønder, inden han så en udvej for at komme hjem.

Endvidere beskriver han, at Enkedronning Dagmar var med til at oprette en speciallejr for sønderjyder, men at det tog lang tid at finde samle sønderjyder fra fangelejre i det vidtstrakte land.

Rejsen fra Sarapol

Didde Pedersen, Peter Posts datter:

"Efter Pastor Jensen var rejst, var der nogle sønderjy-
der, der blev enige om at desertere derfra. De havde sam-
let nogle penge sammen, for de havde fået noget mere i
løn, efter at bolsjevikkerne var kommet til magten. Så de
gik derfra og kom med en båd, som de sejlede ned af Vol-
ga med. Damperen var fyldt med mennesker af alle slags,
og de sad og lå, som de bedst kunne. De kom i land og
kom med et tog, der skulle til Moskva. De kørte i dagevis;
men på jernbanestationerne kunne de købe mad, og da
de havde penge, led de ingen nød."

Præcist hvilke vej de er rejst fra Sarapol, og hvornår de 11,
som Pastor Jensen omtaler, er ankommet, ved vi ikke, men ifølge
Peter Posts fortælling i familien, så stak de af fra lejren og sejlede
på Volga, og senere tog de toget. Han har altid fortalt, at de kom
til Moskva. De er sandsynligvis først kommet til Jurjev-Polskij
og derefter videre til Moskva. En anden sønderjyde Peter Peter-
sen, der ligeledes var krigsfange i Sarapol, har fortalt, at de var i
Jurjev-Polskij, men om de er fulgtes ad, ved vi ikke; vi kan blot
se, at de er fotograferet sammen i Moskva, som det kan ses på
side 57.

Pastor Jensen var kommet tilbage til Jurjev-Polskij i midten
af juni måned 1918, og i den tid han havde været borte østpå i
Sarapol, var forholdene i lejren blevet utrygge, idet tyske office-
rer havde været der, og dels havde lokket dels truet fangerne til at
vende tilbage til Tyskland – selv om fredstraktaten tillod dem at
blive i Rusland. Derfor var et par stykker af sønderjyderne taget

til Moskva for at søge arbejde. Pastor Jensen fulgte nu efter til Moskva, hvor han i løbet af den næste månedstid skaffede arbejde til 35 af sønderjyderne hos forskellige danske virksomheder.

I Moskva

I ovennævnte avisartikel side 55 skriver Jensen: "Juni: Fik jeg ophold i Moskva og hjalp derfra efterhånden omtrent alle fanger ind i arbejde, bort fra lejrsulten og lejr-ensformigheden. Juli: Udvidedes dette også til anbringelse i Petrograd og andre steder. Dermed fortsattes i august og september, så til sidst alle var anbragte hos danske husbonder på gode og trygge steder. Først i oktober kunde jeg rejse til Petrograd og for den sags skyld have rejst hjem, men fik lyst til at blive lidt endnu og skaffede mig derfor arbejde i det danske gesandtskab."

Fangerne klarede sig, som de bedst kunne; mad var meget dyr og også svær at skaffe i en tid, hvor russerne selv sultede og led nød. De overnattede forskellige steder, men havde et samlingssted i en lagerbygning i en baggård i Moskva.

Pastor Jensen havde kontakt med både den danske vicekonsul i Moskva, Thomas Edstrøm, der ikke var diplomat, men en forretningsmand med konsulære forpligtelser. Ligeledes havde han kontakt med det danske gesandtskab i St. Petersborg. Gesandtskabet blev ledet af Harald Scavenius, fætter til udenrigsministeren, og han ledede krigsfangehjælpen og skaffede falske danske pas til sønderjyderne, så de kunne rejse ud af Rusland og komme til Danmark. Historikeren Mads Gellert Madsen har ikke kunnet finde notater i udenrigsministeriets arkiver om dette; al arbejde med at hjælpe sønderjyderne foregik i det skjulte. Det officielle Danmark havde ikke noget med det at gøre, selv om man

Billedet er taget i Moskva i 1918. Bagest fra venstre: Nikolaj Jensen, Spandet; Søren Skytte, Skibelund; Peter Petersen, Bylderup. Forrest fra venstre: Hans Hansen, Als; Peter Post, Spandet, Otto Åbling, Skærbæk.

i dag ved, at der blev kanaliseret midler fra de offentlige kasser til hjælpearbejdet.

Didde Pedersen, Peter Posts datter:

"De kom til Moskva og fandt frem til den Danske Ambassade. Der hjalp de dem med et nyt pas, og på fars pas stod der, at han var født i Seem Sogn, og det var jo på den danske side af grænsen. Der var en Nikolaj Jensen fra Spandet også med, og der stod det samme i hans pas. De blev fotograferet i de russiske dragter i Moskva, og det billede har vi endnu. Han arbejdede i 3 måneder på en glødepærefabrik. De rejste så hjemad på konsulatets regning via Stockholm til København."

I Røde Kors' arkiver står der, at Peter Post var lagerarbejder i sommeren 1918. Min bedstefar har altid fortalt, at det var den danske ambassade, der skaffede pas og hjalp med rejsetilladelse. Men ifølge forskellige kilder var det gesandtskabet i St. Petersborg, der hjalp. Danmark var neutral under krigen og kunne ikke åbenlyst hjælpe tyske statsborgere – og det var sønderjyderne jo. Det var vigtigt at have et gyldigt dansk pas, når de skulle sejle til Sverige, idet tyske krigsskibe standsede alle skibe og gennemsøgte dem for tidligere krigsfanger.

I juli blev de første 5 sønderjyske fanger sendt af sted fra Moskva til St. Petersborg. Herfra sejlede de til Stockholm, og så gik turen til Danmark med tog. De tidligere krigsfanger blev modtaget hos N. H. Rasmussen på Vodroffsvej i København i al stilhed. Selv om deres tilstedeværelse i Danmark skulle hemmeligholdes, var glæden stor på begge sider over, at det farlige eventyr var endt godt. Modtagelsen foregik i stilhed; man ville ikke risikere, at de hjemvendte blev forlangt udleveret til Tyskland. Deserterede soldater risikerede dels fængselsstraf, men også at deres eventuelle ejendom blev konfiskeret, og kunne manden ikke selv rammes, så stod nærmest familie for skud, kone og børn, forældre eller søskende og endda kusiner og fætre kunne rammes, sådan som det beskrives i artikelen i Holbæk Amtstidende d. 31.7.1918 herunder.

Forholdene i Sønderjylland.

Landsforræderi=Sager mod nordslesvigske= Krigsfanger.

I „Vestkysten" skriver P. Eliassen:

Under Krigen har der flere Gange her ved Grænsen været talt om Tilstandene i Elsaß-Lothringen under Krigen, om mærkelige Forholdsregler, Landsforræderisager og Spionsager, om alle Grader af Asskraffelsen af „Skyldige" lige fra Standret eller Tugthus til Konfiskering af Formue, det være sig rørlig eller urørlig. Det er ogsaa lidt i dem tyske Rigsdag kommen lidt frem derom, men Folk, der er underrettede, bl. a. de Elsassere, der er kommen til Nordslesvig, fortæller meget mere. Vi har her ved Grænsen ikke rigtig villet tro paa slige Rygter, men efterhaanden rykker lignende Forhold os nær paa Livet. Til at begynde med var det kun flygtede værnepligtige Nordslesvigere, hvis Ejendom konfiskeredes. Senere blev det saaledes, at alle deres paarørende skulde rammes, det være sig Hustru eller Kæreste, Søster eller Broder, Forældre, ja selv Kusiner eller Halvkusiner. Der blev paa de dertil indrettede Kontorer gjort „Antegnelse" ved deres Navne, saaledes at de aldrig kunde faa Pas, men i flere Henseender blev anden Klasses Borgere i deres Hjemland.

Saa begyndte Snuseriet efter Breve. Ikke efter „farlige Udtalelser", der kom ind under den egentlige

værnepligtig, er mødt til sin tunge Tjeneste og har vovet sit Liv for det Fædreland, han i Hjertet næppe følte som sit. Men som lextro Nordslesviger har han opfyldt Lovens Bud. Han har været i de yderste Linier og er bleven taget til Fange, sikkert sammen med flere af sine tyske Kammerater. Hvorledes og hvorfor kan han nu, da han er i fransk Fangenskab, anklages for Landsforræderi?

Den fulde Forklaring er dem: Efter at være kommen i fransk Fangenskab, har Franskmændene udfundet at Valdemar Gram var af dansk Nationalitet og har ført ham til en af de særlige Fangelejre for Nordslesvigere, og dette har Fangen meddelt til sit Hjem. Tænkeligt er det, at han i Brevet har udtalt sin Glæde over hver Dag at kunne tale sit Moders maal trods Fangenskabet i det fremmede Land, menneskeligt vilde det være, om Brevet endog har indeholdt et stærkt Udtryk for denne ethvert Menneskes naturlige Glæde. Og et saadant Brev er da hele den Grund hvorpaa en Anklage „mistænkt fo Landsforræderi" støttes, og hvorme en Beslaglæggelse af Valdemar Grams Formue begrundes.

Det er et stærkt Stykke! Og do er der ingen Grund til at tvivle pa at saadan hænger det sammen. De han længe været ymtet om, at Snuseriet særlig rettedes mod saadann

62

Dette billede er taget i efteråret 1918 i København og viser Peter Nissen Post siddende sammen med Marius Kjær fra Spandet. Peter sendte det til sine forældre for på denne måde at fortælle, at han var i god behold og i Danmark.

Efter hjemkomsten til Danmark

Didde Pedersen, Peter Posts datter:

"De blev godt modtaget og kom så på Vallekilde Højskole på Sjælland et halvt år. Det var her, far skrev sin dagbog. Derefter kom han til at tjene hos en pastor Jensen på Sjælland, som havde landbrug. Der var han til sommeren 1920, da han kunne komme hjem til Sønderjylland.

Da han var kommet til Danmark, ville han jo gerne sende besked hjem til sin far og mor, at han havde det godt, men hvis han skrev direkte kunne tyskerne jo finde ud af, hvor han var og forlange ham udleveret, for han var jo deserteret fra den tyske hær. Så det var jo lidt risikabelt. Så mødte han en anden ung mand, Marius Kjær, fra Spandet, som var på Sjælland. Ham fik han med til en fotograf, hvor de blev fotograferet sammen, og så sendte han blot billedet til sine forældre, og forældrene kendte den unge mand fra Spandet og vidste, han var på Sjælland, så min bedstemor udbrød: *"Nu er Peter velbeholden i Danmark."*

Juleaften 1919 sagde min bedstemor til min bedstefar: *"I nat kommer Peter hjem!"* *"Nej, det tror jeg ikke; for hvordan skulle det gå til?"* svarede han. Men midt om natten bankede det på soveværelsesvinduet, og der var en der sagde: *"Det er Peter"*, og det var det.

Han var hjemme en 4-5 dage, men der boede jo også gendarmer på gården, så han skulle jo færdes lidt forsigtigt. En af fars søstre var gode venner med en af gendarmerne, og når far skulle tilbage til Danmark, ville han være på vagt, når han skulle over grænsen. På den aftalte tid fulgte søsteren med ned til Stensbæk Skov, og da far var kommet godt over åen, skød soldaten op i luften, så vidste hun, det var gået godt, og soldaten havde ryggen fri, når han havde skudt; han kunne jo altid sige, at han skød forbi. Det sidste her har min farbror Frederik Post fortalt mig. Han var 10 år dengang, og det havde han aldrig glemt.

Da Peter Post kom hjem i 1920, kom han til at tjene på "Spandetgård", og han tjente også på "Græsgården".

I 1922 blev Hølleskovgård udstykket til statshusmandsbrug. Der blev seks husmandsbrug på Hølleskov. De unge mænd, der søgte og fik et husmandsbrug, havde alle været med i krigen, herunder min far.

Dette statshusmandbrug blev Peter Nissens Posts hjem fra 1922 til 1973.

IV.

Kvittering,

udstedt til en i Danmark bosiddende Person efter
afgiven Optionserklæring.

At

Fulde Navn: *Peter Nissen Post,*

Livsstilling: *Landmand,*

Bopæl: *Grandet,*

der er født den *26. Februar 1896*

i *Grandet, samme Sogn, Tønder Amt,*
(Landsby og Sogn, By, Amt)

under Henvisning til § 3 i Lov af 5. September 1920 om Erhvervelse

af dansk Indfødsret i Anledning af de sønderjydske Landsdeles Indlem-

melse i Danmark, jfr. Fredstraktaten i Versailles af 28. Juni 1919 Art.

113, den *25. Maj* 192*1* overfor undertegnede Myndighed

har opteret for Danmark, attesteres herved.

~~Københavns Magistrat,~~
Amtmanden over *Tønder* Amt, den *30. Maj* 192*1.*

Amtsassessoren

Den 25. maj 1921 blev Peter Nissen Post dansk statsborger.

Samme år blev han gift med Anne Marie Andersen fra Kløjing ved Løgumkloster.

De fik fem børn, 19 børnebørn, 30 oldebørn og indtil videre 17 tipoldebørn.

Mor og far boede på ejendommen til 1973. Mor døde 1972, og i 1973 solgte far ejendommen og flyttede til Arnum. Han boede hos Johanne til 1976 og flyttede så på plejehjem. Han døde 23.1.1985. De er begge begravet på Spandet kirkegård."

Her slutter Didde Pedersens fortælling.

Anne Marie Andersen og Peter Nissen Post ved forlovelsen i 1922

Familien Peter og Anne Marie Post i 1932.
Fra venstre: Anne Marie Post; Lavst Nissen Post, f. 14.12.1924;
Johanne Marie Post, f. 23.8.1923, gift Gehrke; Christian Andersen
Post, f. 8.6.1926; Peter Nissen Post; Christine Post, f. 12.5.1928, gift
Pedersen; i højre hjørne ses Villy Post, f. 12.8.1933.

Litteraturfortegnelse

Christensen, Chr.: *8 mand savnes*, 1938
Høeg, Mathias: *Jeg har ikke flere patroner*, 1943 og 2010
Jensen, P. (Pastor): *Ventetider*, 1926
Madsen, Mads Gellert: *Sønderjyder i russisk fangenskab i 1.
    verdenskrig*, speciale i historie 2006
Preben-Hansen, Bernadette (på www.preben.nl):
    Dansk krigshjælp i Rusland i 1. verdenskrig
Preben-Hansen, Bernadette: *Dansk krigsfangehjælp i Rusland
    og Sibirien 1917-20* (Udkommer ultimo 2014)
Rasmussen, Bent: *I gerning og Sandhed*, 1928 ;
    Om hans fars, N.H. Rasmussens indsats for at hjælpe
    sønderjyder under 1. verdenskrig.
    Siderne 61-70 er citater fra Peter Posts dagbog
Rigsarkivet: N.H. Rasmussens private arkiv, bl. brudstykker
af Peter Posts beretning, nr. 6076 a. I samme pakke findes de
avisartikler, som ses i denne bog.
Sørensen, Nils Arne: *Den store krig*
Historisk Samfund for Sønderjylland: *Sønderjyllands historie*
Diverse historiebøger om Første Verdenskrig

Familien Posts slægtstavle kan ses på **www.marvede.dk/TNG**
Brug søgefeltet i øverste højre hjørne.

www.preben.nl - På denne hjemmeside findes mange artikler
om krig, krigsfanger og krigshjælp i Rusland under 1. verdens-
krig.

Udgivers øvrige udgivelser:

Post, Else Marie: *Guddommelig rejse med Klara*, 2009
Post, Else Marie: *Frimureri i Vandbærerens tidsalder*, 2009
Post, Else Marie: *Mysterieskolen i Frimureriet*, 2011
Gedalge, A.: *En indføring i Frimurersymboler*, 2012
Post, Else Marie: *Freemasonry in Aquarian Age*, 2012.
Oversat af Annette Trap Friis
Post, Else Marie: *Maria Mysterier*, 2013, del I af III
Böhme, Jakob: *Vejen til Kristus*, 2013
Oversat af Else Marie Post
Leadbeater, C.W.: *Videnskaben om Sakramenterne*, 2014
Oversat af Kenneth Christensen

Bøger om mystik og mysterietraditioner kan ses på

www.mysterieskole.dk